Encuentros con la Virgen

Encuentros con la Virgen

Adela Amado

Grupo Editorial Tomo, S.A. de C.V.
Nicolás San Juan 1043
03100 México, D.F.

© Copyright by Adela Amado
© 1997, Editorial Tetragrama S. L.
Derechos de edición cedidos a:

© 2003, Grupo Editorial Tomo, S.A. de C.V.
Nicolás San Juan 1043, Col. Del Valle
03100 México, D.F.
Tels. 5575-6615, 5575-8701 y 5575-0186
Fax. 5575-6695
http://www.grupotomo.com.mx
ISBN: 970-666-761-X
Miembro de la Cámara Nacional
de la Industria Editorial No 2961

Diseño de portada: Emigdio Guevara
Supervisor de producción: Leonardo Figueroa

Impreso en México - *Printed in Mexico*

Dedicada a :

Los suspiros deseosos de dicha,
a la búsqueda del yo sé,
al alma esencial de la vida, anhelada y que
no se ve.

A la única madre verdadera,
original, creativa y eterna,
ejemplo de paciencia sin espera
y de perdón sin esencia ni pena.

A la diosa que fue la semilla
de toda la creación,
dejándose confundir en la tiniebla
forzada de una oración.

A la naturaleza única y divina,
sinónimo de la perfección
de un primigenio Sol, que ilumina
desde la verdadera chispa de Dios.

Al arquetipo parturiento de la vida,
a cada retoño en esplendor,
a su bondad infinita que día a día
nos libra de la ceguera y el dolor.

Al oasis de cada desierto,
al conocimiento de lo inexplicable,
a quien resucita del cieno dejando en él,
que el Universo hable.

A la madre de todas las madres,
al origen de cada ser,
a cada gota de los mares,
a lo que siempre ha sido, será y es.

Adela Amado

Introducción

Los sueños y la imaginación son la semilla procesadora de la fertilidad y realización. Adela Amado, entre otras cualidades, destaca en su profesión paracientífica por su creatividad y elocuencia científico-espiritual, expresando sus teorías antes que nadie, e informando después a la humanidad a medida en que va demostrando su realización.

La autora de este impactante libro desea enseñar a las mentes más abiertas al progreso, una imagen de la búsqueda arquetípica de la madre del Universo, descubriendo que la mejor exploración espacial es la de uno mismo, y el mejor camino para llegar a los ideales místicos más poderosos es el propio esfuerzo mental. Su investigación ha dejado de ser un proyecto, convirtiéndose en un valioso método de contacto con la Virgen, altamente valorado tanto por los espiritualistas como por los científicos, y excepcionalmente cualificado por su experiencia y seriedad profesional como introductora de la ciencia-espiritual. Todo aquél que se considere estudiante de esta escuela planetaria llamada Tierra, puede aprender con la técnica de Adela Amado a acercarse directamente a Dios, sin necesitar otros condicionamientos sociales o culturales, represores de la ejecución de un deseo que todos los seres vivos tenemos impreso en lo más profundo de nuestro ser: alcanzar la felicidad, conectando con las leyes de la naturaleza Universal o Dios. Una vez más, Adela Amado vuelve a impactar en España con una novedad útil para quien desee ver la imagen mariana en él...mismo.

Los Editores

I

Diferencias entre la fisiología cerebral masculina y femenina

Su relación con las facultades paranormales.

El origen del ser humano todavía sigue siendo un enigma. Existen muchas teorías al respecto, como por ejemplo la de Darwin, con su hipótesis de que el hombre desciende del reino animal, y más concretamente del mono; la creación del hombre por Dios según la Biblia; o el estallido del Big-Bang universal que originó distintas formas de vida, incluso microscópicas, las cuales a través de sus continuas transmutaciones, dejaron de ser como eran para llegar a formar parte del animal racional, convirtiéndose en partículas energéticas esenciales para la vida de un cuerpo físico humano. La "parapsicología", tal como su nombre indica, es una ciencia que incluye en sus estudios aquello que va más allá de la psicología. Por lo tanto, el estudio de la conducta y del comportamiento humano según la psicología tradicional, queda demasiado esquematizado para los amplios conceptos de la parapsicología que no sólo se preocupa de éste tema, sino también del origen de la humanidad, de averiguar la causa de los fenómenos psíquicos paranormales, del porqué de la diferenciación sexual basándose en las características paracientíficas de los dos sexos -hombre, mujer-, etc.

Con este fin, la parapsicología ha prestado especial atención a aquella parte del cerebro que nos hace humanos: la corteza cerebral. Curiosamente, la sustancia gris que rodea nuestro cerebro, es mayor que la localizada en el resto de los cerebros de mamíferos diferentes. En él, ocupa la mayor parte del cerebro, y sus arrugas o pliegues facilitan que su gran tamaño quepa dentro del contorno del cráneo. Las células componentes de esta sustancia grisácea, nos convierte en los animales mamíferos más evolucionados, siendo en la corteza, el lugar donde se produce el pensamiento, los planes, el habla, la memoria o las evaluaciones. Éste es el sitio en el que interiorizamos los estímulos externos, para filtrarlos y dar sentido a lo que vemos, oímos o percibimos de cualquier forma.

Antes de seguir adelante, es necesario conocer las funciones principales de la parte izquierda y derecha de la corteza cerebral, o lo que es lo mismo, de sus hemisferios. Para facilitar su entendimiento, la neurología los ha dividido en cuatro áreas o lóbulos llamados: frontal, temporal, parietal y occipital.

El lóbulo frontal, está localizado detrás de la frente y los ojos, y se le denomina corteza prefrontal a la zona que funciona prediciendo, juzgando y planeando. Inmediatamente detrás de ella se encuentra la corteza premotora, programadora de los movimientos complejos, y a su vez, después de ésta se ubica la corteza motora, la cual controla los movimientos de algunas partes del cuerpo. Las áreas temporales se ocupan principalmente de la percepción auditiva, del aprendizaje y la memoria; los lóbulos parietales de la imagen corporal, la percepción táctil y espacial; y el lóbulo occipital, que está localizado en la zona posterior cerebral, se dedica sobre todo a la visión.

No obstante, estas clasificaciones no son absolutas en ningún momento, y aunque preferentemente cada parte de la corteza cerebral funciona tal como he indicado, también se ha comprobado que los cuatro lóbulos realizan diversas y variadas funciones. Esto se ha corroborado mediante investigaciones realizadas con TAC, en las que el flujo sanguíneo cerebral permite localizar el área donde se producen las distintas funciones cerebrales, siempre según métodos estadísticos. Las zonas cerebrales relacionadas con lo que el sujeto está haciendo, suelen mostrar un aumento de la circulación sanguínea.

Se ha constatado que el hemisferio derecho controla la parte izquierda del cuerpo y viceversa, y que el campo visual derecho de los dos ojos se proyecta en el lado izquierdo del cerebro y al contrario, es decir, cada uno de los ojos proyecta al hemisferio opuesto. Exactamente lo mismo sucede con los datos motores, de modo que cuando movemos el pie izquierdo, ha sido la consecuencia de una orden que ha enviado el hemisferio derecho.

Ambos hemisferios realizan, por lo general, funciones diferentes, pero además son también distintos entre sí. Por ejemplo, el izquierdo suele ocuparse del lenguaje, el cálculo y el pensamiento analítico y, así mismo, anatómicamente es más grande que el derecho, el cual, se ocupa principalmente de las percepciones patrones, aspectos artísticos y musicales.

Para que las funciones cerebrales sean perfectas, una "masa" de axones llamada cuerpo calloso, debe encontrarse en perfectas condiciones, ya que es precisamente el que permite la comunicación entre los dos hemisferios. A veces, cuando es seccionado por intervenciones quirúrgicas, se anula la comunicación entre las dos partes del cerebro, apareciendo el síndrome de desconexión, que a su vez a servido a la ciencia para demostrar la sede de cada una de sus habilidades. Por ejemplo, un lesionado que ve una palabra a su izquierda no podría decirla, ya que la información es tratada por el hemisferio derecho que no rige el habla. Sin embargo, si la ve a su derecha, sí podría pronunciarla. Esto demuestra que la capacidad del lenguaje se halla del lado izquierdo. Así pues, todas las percepciones captadas a la derecha del cuerpo pueden hablarse, pero no sucede lo mismo con las percibidas a la izquierda.

La parapsicología intenta utilizar los conceptos que se escapan a las distintas ciencias y unirlos bajo un denominador común psicológico. Resultando que la neurobiología comprende al ser humano y a su conducta de una forma, y la psicología, sociología o parapsicología de otra. Las últimas investigaciones parapsicológicas realizadas en algunas universidades de Estados Unidos, intentan demostrar la estrecha relación existente entre mente-cuerpo y masculinidad-feminidad. El resultado de dichos experimentos son tan revolucionarios que parecen atemorizar a la gente, puesto que se entienden como ataques a la base profunda de la filosofía, y crean conflictos con las antiguas ideas religiosas.

II

En busca de la unidad perfecta perdida

Se ha descubierto que cada lóbulo de los hemisferios cerebrales, se ocupa de una gran diversidad de funciones, y que el hecho de que en ellos destaquen algunas actividades principales, es la consecuencia del alejamiento de la unidad masculina-femenina que un día existió. Cuando esto tuvo lugar hace millones de años, el cuerpo y la mente eran tan perfectos y estaban tan unidos, que todas sus partes cerebrales funcionaban al unísono, disfrutando de la facultad de realizar cualquier actividad, sin que en ninguna de ellas se destacara una especialización determinada. El mundo era tan perfecto, que todos los componentes del cuerpo físico tenían vida propia consciente, permaneciendo unidos en armonía, dentro del macrouniverso (cuerpo físico) en el que se encontraban. Y cuando hablo de componentes, me refiero a los átomos, las neuronas, las células, electrones, órganos, etc.

El tiempo transcurrió, y la quietud inexistente de la vida les afectó, transmutándose de forma que se individualizaron, agrupándose en polos opuestos de acuerdo a la codificación de su información. Y lo que era una unidad perfecta, comenzó a sufrir subdivisiones personificadas en el interior de un mismo cuerpo, de forma que de un organismo hermafrodita por antonomasia (los dos sexos a la vez), nació la diferenciación de las actividades cerebrales y sexuales. La fisonomía y fisiología cambió, nuestros cuerpos no se parecen en nada a aquéllos que un día existieron, y la masculinidad junto a la feminidad, se manifiestan como polos antagónicos y a la vez complementarios, que se necesitan para subsistir en paz. Se precisan mutuamente tanto física como psicológicamente, y bajo las directrices sabias de la naturaleza sufren reacciones químicas en sus organismos, que los empujan a aparearse bajo el manto del amor, para intentar conseguir la unión perfecta que se perdió un día junto a la verdadera felicidad. La meta de este intento se ve a menudo fracasada, debido a una profunda programación masculina o femenina, existente en los constituyentes de estos seres desde su nacimiento; puesto que la constitución morfológica, fisiológica y psicológica, derivada del patrimonio hereditario genético, caracteriza las tendencias del individuo y claro está el sexo. Los cromosomas sexuales que originan el sexo son los únicos diferentes. En la mujer son iguales y tienen la forma XX, en cambio en el hombre difieren en XY. Todos los demás cromosomas, junto a los millares de genes que contienen, son iguales, aunque cada gen tenga una función diferente. El "gameto" humano (óvulo-espermatozoide) forma el genoma (genes totales del núcleo) con los 23 cromosomas que contiene, y al fecundarse el huevo, crece haciéndolo con los 23 cromosomas procedentes del espermatozoide, y los 23 presentes en el óvulo. De forma que los cromosomas y los genes son iguales, a excepción de los cromosomas sexuales (los cromosomas están formados por moléculas de núcleo-proteínas, cuya sustancia principal es el ácido desoxirribonucleíco o ADN). Sin embargo dicha alianza suele declararse por medio de la gestación de un nuevo ser, un hijo que conexiona la esencia del padre y de la madre, intentando inconscientemente vincular ordenadamente a los polos opuestos. Y es verdad que de alguna manera sucede, porque cada uno de nosotros somos parte de nuestros padres, pero también es cierto que la diferenciación sexual sigue existiendo, puesto que nace varón o hembra.

En la amplitud de temas variados que estudia la "parapsicología", no se demuestra ningún interés preferente hacia la investigación del hombre o de la mujer, ya que ambos son igual de importantes en su estudio; pero sí es necesario destacar, que cada uno tiene características definidas en determinadas áreas. Por ejemplo es muy interesante hacer notar, que la mujer ha resaltado estadísticamente a lo largo de los tiempos, con facultades mentales paranormales superiores a los hombres. Esto no quiere decir que los hombres tengan menos fenomenología paranormal, puesto que aquí como en todo, existe la excepción que confirma la regla. Sin embargo la notoriedad de la PSI femenina es real, y por eso esta revolucionaria ciencia, ha intentado descubrir el motivo.

III.

La actividad de los hemisferios investigada en relación a la PSI

Como ya se sabe, el hemisferio izquierdo es más analítico, lógico y verbal, mientras que el derecho es más intuitivo y gestáltico, colaborando destacadamente en la expresión facial de las emociones y el concepto espacial. El ser humano usa preferencialmente la mano derecha, y este punto es tan evidente, que el mundo está prácticamente ordenado para las personas diestras. Incluso, los pequeños niños zurdos que rompen la norma, se ven coaccionados por una educación social que les obliga a adquirir la costumbre de usar la mano derecha. Pues bien, en Valencia (España), y a lo largo de los años 80, descubrí que la población zurda era poco más del 2%, y que en el 75% de los casos se trataba de mujeres. Bajo las directrices de nuestra investigación, varias personas comenzaron a permitir que los niños usaran la mano que prefirieran, resultando que el porcentaje de zurdos aumentara hasta un 10%, junto al incremento de mujeres zurdas. Esto fue para mi una prueba bastante contundente de que la mujer tiende, de forma nata, a usar el hemisferio derecho que rige la parte izquierda del cuerpo. Y es precisamente este hemisferio el que rige la intuición, o sea, la facultad psíquica que está muy relacionada con la clarividencia y otros fenómenos paranormales como la retrocognición (adivinar el pasado), la precognición (adivinar el futuro), la telepatía, etc.

Yo siempre he tenido una especial inquietud por la investigación y por intentar comprobar, o al menos acercarme a demostrar, las teorías paracientíficas. De modo que decidí continuar la indagación siguiendo los métodos que otros colaboradores míos habían realizado en la década de los 70 en los Estados Unidos. Sondeé y archivé todos los datos que pude al respecto, y una de las conclusiones a las que llegué fue que la educación dada a los niños, no sólo desalienta el uso de la mano izquierda, sino que también influye desde el exterior de los cuerpos a su interior, consiguiendo que en esos organismos se cambie la preponderancia nata del hemisferio derecho por el izquierdo y, al mismo tiempo, se limiten las facultades paranormales relacionadas con la intuición, engrandeciendo la lógica analítica correspondiente al hemisferio izquierdo. Para comprender mejor lo que ocurre, expondré un ejemplo fácil de asimilar:

Supongamos que alguien se encuentra muy enfadado y triste, pero que en su trabajo no puede manifestar su estado psicológico, de modo que cuando se encuentra en él y recibe la primera visita de un cliente, fuerza a los músculos de su cara para sonreír y manifestar alegría. Al cabo de poco tiempo, este sujeto se percataría de que ese positivismo fingido en un principio al obligar a los músculos de la cara a sonreír, se ha convertido en una realidad psíquica, es decir, desde el exterior se ha influido en su interior. Algo parecido ocurre en la educación sobre el uso de las manos diestras o zurdas.

Esto deja muy claro que el ser humano, y en especial la mujer, tiene sus facultades paranormales oprimidas por la influencia de la educación, y me refiero tanto aquélla a quien se le cambió el hábito de utilización de su mano, como a la que nunca fue zurda, puesto que existen otras pruebas bastante contundentes de que la mujer es más psíquica por naturaleza propia que el hombre; aunque no deja de suceder lo mismo con las facultades paranormales del varón.

También comprobé que el hemisferio derecho colabora más en la expresión facial de las emociones en la mujer psíquica. Para ello, fotografié las caras de varios hombres y mujeres por separado. Como clientes míos y colaboradores consciente del ejercicio, todos siguieron mis inducciones psicológicas para que les fuera más fácil expresar las emociones que sentían. Yo conocía sus problemas, por lo tanto, no me era muy difícil dirigirlos hacia un estado de felicidad, disgusto, tristeza, sorpresa, etc. Entonces, les tomaba las fotografías de sus caras, después las recortaba por la mitad y las componía con los lados izquierdos y los derechos. Los resultados los comparaba con las fotos originales para comprobar claramente la diferencia de expresión facial entre el lado izquierdo y derecho.

En la mayoría de las mujeres PSI, fue el lado izquierdo de su cara el que reflejó las emociones con mayor intensidad; concretamente el porcentaje del escrutinio alcanzó el 78%. Sin embargo, en los hombres también psíquicos sucedió al contrario, puesto que en la mayor parte de las ocasiones el estado emocional se manifestó en el lado derecho, aunque debe tenerse presente que no sucedió lo mismo con las mujeres y los hombres que no eran psíquicos declarados. Esto demuestra una vez más que en la mujer es el hemisferio derecho el que actúa con más evidencia, incluso en los casos en que las féminas son diestras pero psíquicas. En esta experiencia, la edad de los participantes estaba comprendida entre los 18 y 54 años; entre las mujeres sólo había cinco zurdas, entre los hombres dos, y cuatro manidiestros, un hombre y tres mujeres.

A las mismas personas les pedí que comprobaran si existía alguna diferencia entre sus pies, manos, pechos y orejas. Como para mí era violento examinarles directamente los pechos, confié en sus datos. Pero con respecto a sus pies, manos y orejas, fui yo quien comparó directamente la disimilitud de tamaño entre las partes que se encontraban en el lado izquierdo de su cuerpo y el derecho. La conclusión fue que los manidiestros tenían más grandes las partes izquierdas de su organismo; en la mayoría de las personas del grupo experimental que eran diestras destacaban las derechas, a excepción de algunos que también habían demostrado la preponderancia del hemisferio izquierdo, mientras que en la mayoría de los zurdos sucedía lo contrario. Éste es un método fácil para comprobar cuál es el hemisferio que rige de forma más destacada en los sujetos. Es decir, en los casos en que las orejas, manos, pies y pechos derechos tienen mayor tamaño que los izquierdos, se denota una mayor actividad del hemisferio derecho, pero no ocurre lo mismo a la inversa.

Las últimas investigaciones parapsicológicas están aclarando viejas dudas respecto a la antigua creencia de que eran precisamente los hombres y niños quienes tenían las capacidades del hemisferio derecho más desarrolladas, mientras que en la mujer sobresalían las del hemisferio izquierdo (de ahí que la fémina tenga la fama de una destacada habladora parlanchina). Sin embargo, esta regla tradicional se rompe en las mujeres con las capacidades paranormales más a flor de piel. ¿Quién no ha visto hombres muy habladores y mujeres muy calladas?. Basta echar un vistazo para comprobar que entre las personas que ofrecen sus servicios psíquicos en revistas o periódicos especializados en ciencias ocultas o parapsicológicas son las mujeres las que abundan.

Destacando también el mismo sexo, entre los clientes que piden sus servicios. Generalmente aquél que solicita la ayuda de un clarividente, tiene curiosidad en la fenomenología paranormal porque ha experimentado personalmente alguna experiencia PSI en secreto (hemisferio derecho). En cambio, el analítico y razonador no cree en nada que sus limitados sentidos físicos no capten, encontrándose al hombre como ejemplo mayoritario de dicho apartado.

Witelson, descubrió en 1976 que las capacidades del hemisferio derecho estaban más desarrolladas en los niños que en las niñas de la misma edad. Hoy se sabe que estos hemisferios evolucionan a diferentes velocidades debido a los factores ambientales que ya ejercen su influencia, incluso en el feto antes de nacer; pero que a medida en que se desarrolla una personalidad propia individualizada, es precisamente la mujer quien parece elegir inconscientemente la actividad del hemisferio derecho, mientras que el hombre desarrolla más el izquierdo, volviéndose metódico y analítico. Esto sucede en términos generales, ya que tanto en los hombres psíquicos como en las mujeres, predomina un mayor funcionamiento del hemisferio derecho, aunque las féminas lo reflejen más fácilmente. Pero en realidad las facultades paranormales perfectas, radican en la unidad entre las funciones de ambos hemisferios, ya que el raciocinio debe controlar a la posible imaginación desbocada, y conseguirlo es producto de una ejercitación mental, dirigida por la fuerza de voluntad y la repetición.

Científicamente está comprobado que en el hombre se encuentran más desarrolladas las áreas occipital y temporal, excitándose más por lo que ve, y reteniendo con mayor facilidad lo que oye. De ahí, que aunque nos cueste admitirlo a las mujeres, el hombre aprende y memoriza más rápidamente. También resalta en el varón el desarrollo de las zonas premotora y motora, lo que explica la agilidad destacada de los movimientos corporales. En cambio, en la mujer se encuentran más desarrolladas las zonas prefrontal, que predice, planea y juzga, y la parietal que rige la percepción espacial. Claro está que tanto en los hombres como en las mujeres se requiere, para desarrollar unas facultades paranormales fiables, la armonización de las actividades entre las distintas zonas de su cerebro.

Otro enfoque del estudio parapsicológico, radica en la teoría científico-espiritual kármica, que alude al destino de los seres vivos. Karma significa "Ley de causa-efecto", según la cual a cada causa le sigue un efecto, que a su vez se convierte en el origen de otra consecuencia, formando así la cadena compuesta por los eslabones creadores de un destino condicional. La teoría karma puede darnos mucho en qué pensar, porque nos hace recapacitar en la responsabilidad personal de cada momento de nuestra vida, ya que cualquier pensamiento, palabra u obra tendrá una secuela que irá condicionando nuestro futuro. De modo que al hacernos avalistas de nuestros actos psíquicos o físicos, nos convierte en iluminados, comprensivos de que la mayor parte de nuestro futuro está en nuestras manos con la excepción, naturalmente, de aquello que ya irremediablemente ha marcado una vida, como puede ser por ejemplo nacer parapléjico. Pero centrándonos en la mujer... ¿cuál es el karma que la rige? Para lograr responder a esta pregunta, conviene remontarnos a la psicología analítica de Carl Jung (1875 - 1961). Este médico suizo, dejó de ser seguidor de Freud por razones personales e intelectuales, y una de las características que más lo diferenciaron de su maestro, fue el rechazo a la teoría Freudiana, con respecto a que la sexualidad era el principal determinante de la conducta. Jung, a su manera, ya entonces defendía la teoría kármica, puesto que estaba convencido de que la vida se dirige por metas positivas y por los objetivos que cada uno se establece. Su idea contrastaba con la de Freud, que señalaba a la personalidad como algo que quedaba ya fijado en la infancia, con factores intelectuales reprimidos y el énfasis en el crecimiento y cambios en la vida. Jung, derivaba las raíces de la personalidad hasta antes del nacimiento, e incluso hasta los orígenes del ser humano. Sus teorías tenían un toque místico que todavía hoy contempla y respeta la parapsicología.

La ciencia ha demostrado que a través de subdivisiones celulares reproducidas en el interior del cuerpo humano, y por medio del ADN heredado de nuestros padres, arrastramos una predisposición kármica que nos influye en la manera de contemplar y responder a la vida. Pero Jung iba todavía más allá, él pensaba que la mente está formada por el consciente o yo, el inconsciente personal reprimido u olvidado, y el inconsciente colectivo heredado de los recuerdos ancestrales formado por arquetipos, o lo que es lo mismo, ideas emocionalmente cargadas que unen las grabaciones universales a las experiencias individuales.

IV

La Virgen y la mujer

Según la parapsicología los arquetipos a los que se refiere Jung, son información cósmica grabada en las partículas materiales y antimateriales del universo, que atraviesan toda la materia viva y el sistema nervioso de cualquier ser, impregnando en él la información ancestral. Dichos arquetipos pueden calificarse de símbolos comunes, hallados a lo largo de las generaciones y en cualquier parte del mundo. Uno de los arquetipos más conocidos es precisamente "la madre", símbolo informativo con el que el bebé ya nace. La madre y la mujer forman parte del mismo arquetipo, que es buscado por el hombre instintivamente, como si de su ánima se tratara. Lo mismo ocurre en la mujer, que ve su animus -actitud interior- como el arquetipo masculino. Lo cierto es que tanto el animus como el ánima, se buscan arquetípicamente programados, para unidos dar a luz al espíritu de la perfección divina de la que todos descendemos. Pero es la mujer la que representa la tierra virgen, sobre la que el polo masculino debe sembrar la semilla. Y en la búsqueda de la eternidad unificadora, los dos cuerpos antagónicos intentan fundirse en uno, y en cierto modo lo consiguen, renaciendo parte de ellos en un nuevo ser que contiene en su ADN, la esencia informativa de ambos. Para que esto ocurra es necesario que la mujer sea virgen, es decir no sembrada en ese momento. De modo que con la pureza de una tierra material fértil, dará vida a un hijo que salvará a sus padres de la extinción humana, ya que trasladará su herencia genética a lo largo de las generaciones, con el fin de conseguir una evolución espiritual, aunque sea con el paso de los tiempos y a través de distantes descendencias.

Algo parecido ocurre con el arquetipo de la Virgen, símbolo de pureza y madre de Jesús, el salvador de la humanidad. La Virgen es un arquetipo comparable a la mujer, y Jesucristo, a cada uno de los seres humanos que nacen de su madre, con el fin de resucitar y hacer renacer la herencia de la pureza divina viva de sus antecesores.

Pero karmáticamente, es la mujer la responsable de conservar fértil, limpio y puro el terreno de la siembra. Por lo que debe cuidar su cuerpo como el santuario de la simiente del futuro. Su responsabilidad es mayor, puesto que prácticamente es una diosa creadora de materia viva renacida. Con respecto al porqué del karma femenino, y cuál es el motivo por el que la mujer está discriminada prácticamente en todo el mundo, existen explicaciones marianas, que una de las supuestas vírgenes manifestadas en una de mis investigaciones dio a conocer, junto a un método para que cualquier persona que desee contactar con una esencia virginal, pueda conseguirlo. Es evidente que la fémina está menos remunerada que el hombre en el terreno laboral, incluso cuando realizan ambos el mismo trabajo; que le es más costoso ocupar un puesto de responsabilidad en una empresa; que se le observa a veces como un ser inferior no solo porque tiene menos fuerza física, sino también porque teóricamente es inferior psicológicamente, etc., pero la verdad es que las explicaciones de esta virgen ayudan a entender el motivo, y alientan a la mujer a seguir en su lucha como ser privilegiado que es.

Está claro que la Virgen es un arquetipo, puesto que existen a lo largo de la historia distintas vírgenes, cada una con sus propias características. Pero para las investigaciones parapsicológicas, los arquetipos son personalidades cargadas emocionalmente, que viven de forma individual en los más recónditos confines de un tiempo-espacio que está con nosotros. De hecho son muchas las personas que dicen haber presenciado la aparición de una Virgen, y hasta haber hablado con ella; pero no deja de ser evidente, que cada uno la vea según el arquetipo religioso con el que le han educado, y la denominada Virgen se les manifieste negra, blanca, morena, rubia, vestida de blanco o de negro, etc. Sin embargo no sólo existen testimonios, sino también fotografías, grabaciones en video o conversaciones colectivas con este ser virginal. Esto demuestra que los arquetipos personalizados adquieren vida y existen entre nosotros.

Es obvia la presencia del arquetipo educacional, variable según los lugares o épocas. Pero si indagamos qué hay detrás de cada uno de ellos, siempre se descubre a un arquetipo universal único, como la fuente de todos los demás. Este hallazgo nos hace no dudar de una realidad virginal, sea cual sea su apariencia, ya que ésta es la consecuencia de las variaciones transformadoras originadas en la consciencia del ser humano, que ha conseguido alterar las características originales del inconsciente colectivo.

No puede olvidarse la curiosa y enigmática relación, existente entre la Virgen, la mujer, y la sensibilidad psíquica de ésta. La misma ciencia de la parapsicología mezcla sin escrúpulos, ni limitaciones condicionadas por el misterio, o el sensacionalismo desinformativo de lo aparentemente oculto, al idealismo religioso y su simbología, con la realidad mundana actual. Dicho estudio choca frente a los conocimientos clásicos, poniendo al descubierto los más recónditos secretos enmascarados desde el principio de los tiempos, bajo una aureola mística, mágica e incluso a veces religiosa. Para conseguirlo, utiliza la sabiduría hallada en las distintas especialidades científicas, relacionándola con la cognición espiritual, psíquica, anímica o material. Son muchos los investigadores que no pudieron evitar, ser atraídos por la mística y el más allá de lo aceptado por la erudición clásica. Entre ellos se encuentran Pauli, Heisenberg, Böhr, Schrodinger, Jeans, etc., sin olvidar en el campo de la psicología a Carl G. Jung.

V

Inventario de apariciones marianas

Por lo general, las apariciones marianas han acontecido desde hace siglos y, curiosamente, no han dejado de suceder en la actualidad. La parapsicología intenta relacionar explicando científicamente qué son éstos acontecimientos, y porqué se producen junto a los fenómenos psíquicos y paranormales de los que acostumbran ir acompañados.

Si expusiera un inventario completo de las apariciones marianas que han acaecido, la lista sería enormemente amplia. Por lo tanto, a continuación detallo solamente algunos de los sucesos más conocidos.

1830.   La Virgen se le apareció a Santa Catalina de Labouré desde el 19 de julio hasta el 27 de noviembre, pero el hecho nunca fue reconocido oficialmente por la Iglesia.

1835.   Aparición de la Virgen en Trinitápoli (Italia) a un niño.

1840.   La novicia de las Hermanas de la Caridad,
        Justina Bisqueyburu, recibió un escapulario que
        le fue entregado directamente de las manos de
        la Virgen.

1840.   El cura de Ars, Juan María Vianney, conversó
        con la Virgen María.

1842.   El judío Alfonso de Ratisbona, vio a la Virgen en
        el altar de la basílica de San Andrés de Roma.

1842.   La madre María Stanislans del convento de la
        Visitación de Celles, contactó por primera vez con
        María. El clero reconoció las apariciones como
        auténticas.

1846.   Apareció la Virgen de la Salette a dos pastores.
        Sus manifestaciones fueron reconocidas por la
        Iglesia en 1851.

1850.   En la Iglesia de Santa Clara en Rímini (Italia), co-
        menzaron a moverse las pupilas de la imagen de
        la Virgen.

1853.   La Virgen Dolorosa se le apareció a la niña
        Verónica en Sorano, provincia de Grosetto (Ita-
        lia).

1855.   Una de las figuras de la Virgen comenzó a mo-
        ver los ojos en el día de la Inmaculada. El clero
        admitió el fenómeno como sobrenatural.

1858.   Se apareció la Virgen de Lourdes a Bernardette
        Soubirous, quien luego fue canonizada.

1860.   La Virgen de Green Bay se manifestó a Adele
        (Estados Unidos).

1863. Louis Eduardo Cestac presenció la manifestación mariana y, posteriormente, las autoridades eclesiásticas reconocieron la oración que la Virgen le entregó.

1866. Se apareció la Virgen en Phillippsdorf (Checoslovaquia).

1868. La Madre Celestial se mostró en D' Haine (Bélgica).

1870. Se manifestó en las cercanías de Potay-Loigny (Francia).

1871. La Virgen María se apareció a varios niños en Pontmain (Francia); dichos sucesos fueron aceptados como sobrenaturales por la Iglesia.

1871. Se apareció cerca de Innsbruck (Austria).

1871. Ocurrió lo mismo en Chapelles (Suiza).

1873. La Virgen se apareció a varios niños en Michelbergs, cerca de Mülhausen (Francia), y dos de ellos murieron pocos días después.

1876. Stella Faguette, de Pellevoisin (Francia), estaba muy enferma cuando recibía visitas de la Virgen, quien le entregó un escapulario.

1877. Bárbara Samulowska, junto con Justina Szafrynsa y otras muchas personas, fueron quienes presenciaron las visitas de la Virgen María en Polonia (entonces Prusia).

1877. La Virgen se mostró en Harterwald (Alemania).

1879. El conocido santuario de Knoch (Irlanda), tuvo su nacimiento el 29 de agosto de ese año cuando la Virgen María se apareció junto a San Juan y San José.

1882. En Lyon (Francia), la enferma Anne Marie Coste vio a la Virgen María con el niño Jesús en brazos.

1888. Pablo VI declaró a la Virgen Dolorosa de Castelpetroso (Italia) como patrona de Molise, de forma que las apariciones que comenzaron a producirse en 1888 quedaron reconocidas eclesiásticamente.

1893. Se apareció en Enghien (Bélgica) en misa de Nochebuena.

1895. El lugar de la manifestación fue en la India, y la vio el niño Krishnanesti Sankaranarayanan.

1906. En el Colegio de San Miguel de los Jesuitas en Quito (Ecuador), uno de los cuadros con la imagen de la Virgen tomó vida, y cualquiera que lo mirara podía observar como ésta abría los ojos y los cerraba.

1914. En la batalla de Marne, durante la Primera Guerra Mundial, un batallón de soldados alemanes vio a la Virgen en el cielo impidiéndoles avanzar.

1917. Durante la Revolución Bolchevique fue rescatada una imagen de la Virgen por una mujer que recibió el mensaje de hacerlo. La fama de esta Virgen creció enormemente debido a sus apariciones y milagros.

1917. La Divina se apareció en Fátima (Portugal) acompañada de fenómenos extraños, como el llamado milagro del Sol. Los testigos fueron dos niñas y un niño, de los cuales dos murieron muy pronto. Actualmente (1993) todavía vive Lucía, que tiene 86 años.

1930. Fue en Campinas (Brasil) donde la hermana Amalia, quien ayudó a fundar el Instituto de las Misiones de Jesús Crucificado, vio a Jesús y después a la Virgen quien le dio un rosario. La Iglesia aceptó las apariciones como hechos sobrenaturales.

1931. La Virgen se apareció a varias personas en Ezquioga (Vitoria, España).

1932. La Madre Divina se mostró en Beauraing (Bélgica), donde ahora existe uno de los santuarios marianos más famosos del país.

1933. Se apareció en Banneux (Bélgica). La vidente fue una niña de diez años llamada Mariette Beco. La Iglesia aceptó también este caso, y el lugar ha quedado convertido en un famoso santuario.

1937. La manifestación mariana sucedió en Voltago (Italia).

1939. Varias personas de Kerrytown (Irlanda) presenciaron la imagen de la Virgen.

1941. Felisa Sistiaga presenció y escuchó los mensajes marianos en Bilbao (España).

1943. Muchos de los habitantes de Girkalnis (Lituania) vieron a la Divina encima de la Iglesia.

1945. Varias personas contemplaron a la Virgen en La Dodosera (Extremadura), donde la Iglesia permitió construir una pequeña capilla.

1945. La señora Ida Peedermans de Amsterdam (Holanda), fue quien comenzó a ver a la Virgen de allí, recibiendo también sus predicciones.

1946. Se manifestó la Virgen María ante miles de personas en Pasman (Yugoslavia), donde también se ha construido una capilla.

1947. Se produjo la aparición mariana junto al milagro del Sol en Tyromestica (Checoslovaquia).

1947. Se apareció la Virgen en Uracaiña (Brasil).

1947. La Virgen le reveló a Clara Laslone de Sta. Emmerich-Berg (Hungría), dónde se encontraba un manantial de agua medicinal con la que se podían curar varias enfermedades.

1948. La Madre de Dios se manifestó a una novicia llamada Teresita en Lipa (Filipinas).

1948. Varias personas presenciaron la imagen de la Virgen María en Cluj (Rumania).

1948. Un sin número de campesinos de Aspang (Austria) vieron a la imagen mariana formándose con la concentración de una nube situada en lo alto de una montaña.

1949. En la catedral de Lublín (Polonia) hubieron numerosos testigos de una aparición mariana que lloraba, deslizándose lágrimas por su cara.

1949.   Una gran multitud de personas, fueron testigos de la aparición de la Virgen en Hasnos (Hungría).

1950.   En Denver (Estados Unidos), apareció la Virgen sobre una nube.

1950.   El Cardenal Tedeschini, declaró que el Papa Pío XII presenció el milagro del Sol en el vergel del Vaticano.

1951.   A Luigia Nova se le manifestó la Virgen de los pobres, en Arluno (Italia).

1952.   Annelies Wafzig y una gran multitud de personas, observaron la aparición de un Cáliz, una Sagrada Hostia y un Corazón Sangrante.

1953.   La Madona se apareció en Siracusa (Italia).

1959.   La cara de la Madona de Pompeya derramó lágrimas.

1961.   La Virgen y el Arcángel San Miguel fueron vistos por cuatro niñas. Después el milagro del Sol se contempló por un gran gentío.

1962.   Ramova Macugs, de Skiemoniai (Lituania), observó a la Virgen.

1966.   En el cielo de Tambov (Moscú, Rusia), se vio un mensaje escrito: "El tiempo está cercano, es verdad que vendré pronto".

1966.   Se contempla la aparición mariana en Ayn-El-Delb (Líbano).

1968.   La Virgen se mostró a varias niñas, adultos y especialmente a Clemente Domínguez que se autoproclamó Papa. Actualmente (1993), se encuentra allí un santuario mariano, que recibe peregrinaciones de un gran número de personas, soñadoras de ser privilegiadas como merecedoras de milagros marianos.

1968. La Virgen se manifestó formándose a partir de una nube que apareció encima de una Iglesia no católica en Zeitun (El Cairo, Egipto). La autoridad eclesiástica aceptó el hecho como sobrenatural. Como dato curioso, destaca que sobre la imagen mariana podía verse a una paloma que volaba alejándose de ella y después volvía al mismo lugar.

1970. La Virgen y sus ángeles se aparecieron en Bayside (Nueva York, Estados Unidos) a Verónica Leuken. Los mensajes que transmitía a la gente le causaron muchos problemas, ya que decía que el auténtico Papa se hallaba prisionero en el Vaticano y que estaba siendo sustituido por un farsante.

1973. La Iglesia admitió el hecho paranormal de que en Akita (Japón), una imagen mariana lloraba lágrimas y sangraba por su mano derecha. Estos sucesos estuvieron unidos a la aparición de la Virgen a varias personas y a curaciones milagrosas.

1975. La Madre Divina Aparecida, realizó sanaciones milagrosas en Vietnam.

1976. Las autoridades eclesiásticas admitieron las manifestaciones marianas acaecidas en Cua (Venezuela).

1980. La Virgen se muestra en Cuapa (Nicaragua).

1980. En el Escorial (Madrid) se apareció la Virgen a una empleada doméstica llamada Amparo Cuevas que trabajaba allí. Las sorprendentes sanaciones, la danza del Sol, y los estigmas de la vidente, han sido las características de estos hechos.

1981. Se manifiesta la Virgen de Medjugorje en Yugoslavia, junto con fenómenos como la aparición de dos lunas en el cielo, la palabra MIR (paz) escrita allí también, la danza del Sol, sanaciones milagrosas, etc.

1982. La Madre de Jesús y del mundo es vista en Damasco (Siria).

1983. El Patriarca Shenudah III reconoció las manifestaciones marianas sucedidas en una Iglesia no católica de Shoubra (Egipto).

1983. En Villa Alemana (Peñablanca, Chile), ocurrieron fenómenos parecidos a los de Medjugorje.

1983. Las apariciones tienen lugar en Gladys Quiroga de Mota, en San Nicolás (Argentina).

1984. La Virgen se aparece y transmite sus mensajes en Tierra Blanca (México).

1984. Juana de Arco Farage vio a la Virgen en el Líbano.

1985. Una estatua de la Virgen comienza a llorar en Nahu (Corea). Este mismo año, la imagen es vista en varios lugares de Italia.

1986. La Virgen de Lourdes se le aparece a Antonia Pérez Salcedo en Benalup de Sidonia (Cádiz).

1986. Varias personas pudieron observar a la Virgen en Borgosesia y en Belpasso (Italia).

1987. La Madre de Jesús es contemplada en Ucrania (Rusia).

1987. En España, la Virgen es vista en Pedrera (Sevilla) y en El Repilado (Huelva).

1989. La aparición mariana sucedió en el Ecuador, acompañada de los típicos fenómenos extraños.

VI

Características de las apariciones

Aunque la primera manifestación mariana que he expuesto data del año 1830, lo cierto es que dichas apariciones han acaecido desde tiempos mucho más remotos. La diferencia es que ahora las noticias internacionales se extienden rápidamente a través de los medios de comunicación, hecho que no podía lograrse en tiempos pasados. Como prueba de ello, basta contemplar el gran número de santuarios marianos o ermitas que existen por toda la cristiandad.

El ejemplo más próximo a los españoles, es que al observar la geografía de nuestra nación, son numerosos los pueblos y recónditos lugares donde hay o hubo constituida una ermita dedicada a la Virgen, casi siempre cerca de un viejo árbol o una antigua fuente de agua. Lo lamentable, es que la información con respecto a lo que motivó su construcción, se ha perdido con el paso de los siglos, aunque no hace falta tener mucha imaginación para suponer que las causas fueron también apariciones marianas, ya que en la actualidad sigue haciéndose exactamente lo mismo.

Parece ser que muchas de éstas construcciones ya existían antes de que el cristianismo llegara allí por primera vez. Por lo que está claro que la Virgen María sustituyó a las divinidades que antes se adoraban, y que la Iglesia no puso objeciones en reconocer estos lugares a costa de cambiarles la identidad. Esto mismo sucedió con las Vírgenes Negras, representantes de la diosa Isis o de la Madre Tierra, y con la Virgen de Guadalupe.

Pero es indudable que todavía hoy siguen habiendo apariciones marianas, desarrolladas en circunstancias bastantes similares, incluso, a las de hace siglos.

➤ Comúnmente se aparecen con preferencia a niños, niñas o enfermos graves.

➤ Los visionarios suelen ser personas sencillas, con poca cultura y un poder económico pobre.

➤ Nunca ha sido imprescindible que los videntes fueran necesariamente creyentes.

➤ La aparición ocurre por lo general en lugares apartados o solitarios, donde hay un nacimiento de agua y un árbol destacado por algún motivo.

➤ Los videntes acostumbran oír un sonido especial casi al mismo tiempo que ven una luz sobrenatural, o una especie de nube blanquecina que poco a poco va transformándose en la figura de la Virgen María.

➤ La imagen mariana hace señas para que se acerquen a ella, comunicándoles que vuelvan en días determinados. Después da mensajes para que los transmitan a las autoridades eclesiásticas, con el objeto de que permitan construir allí mismo una capilla donde la gente pueda acudir a rezar.

➤ A quienes ven la Virgen suelen desarrollárseles facultades paranormales como la profética o la sanación de enfermedades.

➤ Los videntes acostumbran declarar que la Virgen se los ha llevado de viaje a lugares desconocidos pertenecientes a otra dimensión.

➤ La Madre Divina pide a la humanidad oraciones, fe y autosacrificios, con el objeto de ayudar a evitar las guerras, pestes y catástrofes que anuncia.

➤ En el lugar donde se produce la aparición mariana acontecen hechos milagrosos, como la curación de enfermos desahuciados. También suceden fenómenos extraños como la danza del Sol, la inscripción en el cielo de mensajes escritos en letra, la aparición de dos lunas, olores agradables que inundan la zona, fotografías que logran plasmar la imagen de la Virgen, etc.

➤ Los contactados poseen una comunicación telepática con la Virgen.

➤ A menudo los elegidos como contactados sufren en Semana Santa los estigmas que representan las heridas de Jesús. Otras veces, los estigmas sangrantes les aparecen en los momentos más inoportunos. Y tampoco es raro que éstos padezcan enfermedades graves y que mueran después de saltar a la luz pública sus conexiones.

➤ Otra característica bastante común, es la comunicación de mensajes secretos que los contactados no pueden revelar hasta que la Virgen se los permita. Es un dato interesante constatar que la Biblia está repleta de los secretos que Jesús imponía, como sucedió con Santiago, Pedro y Juan después de la transfiguración (fenómeno semejante al de las apariciones marianas) o la aparición de Jesús delante de ellos (Mateo 17, 1-13).

➢ A menudo los videntes suelen oler de forma natural a rosas, apreciándose en ellos un cambio brusco de personalidad parecido al de la posesión o a la esquizofrenia. Su voz se transforma en la de un sonido femenino suave, pero sobrecogedor.

Para la parapsicología es fácil explicar cuál es el motivo que produce los fenómenos paranormales que suelen acompañar a las apariciones marianas. Entre ellos se encuentran: clarividencias, precogniciones, retrocogniciones, estigmatizaciones, bilocaciones, osmogénesis, fotogénesis, autohipnosis, etc. En mi libro titulado: "Mente sin Fronteras", explico detalladamente y de forma científica el proceso de desarrollo de algunos de estos hechos PSI. Sin embargo, todavía existen personas fanáticas y supersticiosas que no admiten pruebas científicas comprobadas, y que prefieren vivir en la ignorancia de su credulidad ingenua, pensando que dichos prodigios son realizados por un Dios externo a ellos.

VII

El trance: como un método experimentado de contacto

Para mi, al igual que para muchos psicólogos y parapsicólogos, todo tiene una explicación lógica. Hoy se sabe que el ser humano posee el potencial psíquico necesario para conseguir conscientemente dichos eventos, aunque por lo general, como sucede en las apariciones de la Virgen, moviliza su fuerza inconscientemente motivándolo la fe (sugestión). Ya Jesucristo, cuando curaba a los enfermos, pretendía hacerles conscientes de ello diciéndoles: "Tu fe te ha salvado". Pero la verdad, es que de este modo se consiguen hechos realmente sorprendentes, de ahí que yo pretenda demostrar en mis investigaciones que el gran poder psíquico del hombre puede lograr cualquier cosa que éste se proponga voluntariamente, sin existir en él ninguna limitación. Las apariciones marianas probadas consciente y voluntariamente, junto con los fenómenos extraños y los milagros, no son patrimonio exclusivo de unos pocos privilegiados, sino que cualquiera puede conseguirlo con paciencia y perseverancia, utilizando nuestro método refractario mariano.

Basándome en propuestas como la de Wheeler, Paul Davies y Fred Hoyle entre otros admirados estudiosos, he llegado a la conclusión de que las galaxias están constituidas de información, y que tanto las partículas que las forman, como cualquier masa y energía (entre las que nos encontramos los humanos con todos nuestros constituyentes), están interconectadas entre sí inteligentemente con o sin conocimiento de causa, es decir, pueden ser conscientes de su autonomía o ignorantes de ella. Pero lo que sí ha sido demostrado, es que la vida es un sueño que puede hacerse realidad, siempre que uno sepa vivir. De hecho, si las partículas que componen la masa, la energía, etc., no se reconocen a sí mismas, pueden transformarse en nuestros mejores aliados para plasmar en realidad aquello que se desea. Parecen ser nuestras partes microcósmicas, que en espera de las órdenes manifestadas con los anhelos y sueños, se mueven en su macrouniverso, aguardando la proyección de nuestras ideas fijas y firmes para programarse con ellas y hacerlas realidad. Esto demuestra que el hombre es un creador divino por naturaleza, y que no estaría lejos de gobernar los mundos o de conseguir sus aspiraciones, sencillamente creándolas igual que hizo ese Dios del que forma parte.

Lo peligroso de esto para el hombre, es que precisamente su desconocimiento lo hace, a la vez, creador material de sus propias desgracias, errores y miedos, ya que dichos sentimientos y emociones, movilizan potentes fuerzas impregnadas negativamente que se graban de igual manera en los elementos microcósmicos inconscientes, convirtiéndolos también en algo verdadero.

Esta explicación no dejaría de ser simplemente una teoría si no tuviera una base científica en qué apoyarse. Desde hace ya varios años, concretamente en 1986, comencé a intentar demostrarlo, y fue precisamente en 1987 cuando lo conseguí en colaboración con algunos estudiosos paracientíficos como el Dr. en física Vicente Hernández, el Dr. en medicina Tomás Carbonell, el parapsicólogo Fernando Sánchez, mi madre como sanadora espiritual, el psicólogo Antonio Núñez, y los doctores en psiquiatría Pedro Mateo y Enrique Morales, además de otros tres asistentes que debido a cargos públicos, prefieren mantenerse en el anonimato.

Como el tema de las apariciones marianas siempre me ha intrigado, decidí que todos juntos invocaríamos a la Virgen María en una especie de reunión, en la que nosotros trabajábamos controlando nuestra mente visualizando la figura de la Virgen, y creyendo firmemente que iba a aparecer transmitiéndonos sus mensajes.

Repetimos el ejercicio en seis convocaciones y, precisamente en la sexta, cuando comenzábamos ya a desanimarnos, Enrique Morales cayó por primera vez en una especie de trance, comenzando a hablar con una voz femenina que se autodenominaba como María, la Madre de Jesús. Las palabras de Enrique revivían la escena de la crucificación de Jesucristo, mientras que por su cara caían lágrimas desconsoladamente. Después comenzó a darnos consejos y a hacer predicciones del futuro, entre las que se encuentran como ya cumplidas: la caída del comunismo en Rusia, el derribo del muro de las dos Alemanias (oriental y occidental), la pasada Guerra del Golfo, la Guerra Civil de Yugoslavia, la extensión de una nueva peste como purificadora de la moralidad humana (SIDA), el movimiento integrista musulmán, y una gran crisis económica mundial.

También hubieron otras profecías que todavía no han acaecido como la caída de la bolsa, la guerra en Rusia, la tercera guerra mundial organizada por el hombre como manipulación política para escapar de una crisis sin precedentes, terremotos y maremotos horribles en prácticamente todo el mundo, el cambio del orden en el movimiento de los astros, la luz roja floja y débil que la luna reflejará, los cambios de las estaciones del globo terráqueo, la desaparición de la Roma Pagana, la persecución de los católicos, hambres, pestes y enfermedades contagiosas como resultado de guerras que precederán al tercer conflicto mundial, los enfrentamientos religiosos, la escasez del dinero y trabajo enfrentándose ante el consumismo necesario de la vida, abundancia de suicidios motivados por el terror de las circunstancias, lluvias químicas, etc. Según estos mensajes, dicho estado habrá sido motivado por el propio ser humano, de forma que la naturaleza se verá obligada a reaccionar originando desastres ecológicos para volver a disfrutar su equilibrio.

Enrique manifestó otra personalidad completamente distinta a la suya durante más de 30 minutos. Sus palabras llenas de amor, la suavidad de su tono de voz, la humildad de aquel carácter y las supuestas facultades precognitivas de entonces, le hubieran convertido casi en una auténtica Virgen, a no ser porque su estructura corporal física era masculina y desentonaba con tanta pureza evidenciada.

Cuando Enrique volvió a su estado normal, abrió los ojos y nos comentó que recordaba perfectamente lo ocurrido, pero que se había sentido como si fuera en un barco arrastrado por una fuerte corriente en la que cómodamente se liberaba psicológicamente. El tono de su voz volvió a ser grave y con su característico toque de arrogancia (con todos mis respetos y sin ánimo de ofender a mi colaborador). Como él es un científico nato, colaboró con el grupo en pruebas posteriores con la idea de aclarar qué era exactamente lo que había sucedido; y a partir de entonces repetimos diariamente este mismo ensayo invocando a María a partir de las 11 de la noche, pero ahora con nuestros instrumentos de laboratorio.

De las ocho reuniones realizadas con este fin, en tres de ellas se repitió la misma experiencia y prácticamente los mismos mensajes adivinatorios, que por entonces no terminábamos de creer, ya que nuestro compañero, a pesar de ser un gran paracientífico, era escéptico con respecto a la fenomenología paranormal, lo que le convierte precisamente en un buen investigador. Al igual que quienes le acompañábamos, intentó racionalizar y encontrar la explicación lógica dentro de esta nueva ciencia, la parapsicología. Pero a diferencia de los demás, él era entonces, curiosamente, el único que nunca había demostrado ningún tipo de facultades PSI, lo cual hizo que nuestras indagaciones fueran aún más interesantes.

Las características de las tres supuestas manifestaciones marianas fueron:

➢ En las últimas dos ocasiones, cada vez que Enrique comenzaba a hablar, se esparcía por toda la sala un agradable olor a rosas. Debo aclarar que previamente a la invocación, le habíamos registrado con el objeto de comprobar si llevaba algo que pudiera inducir a un fraude, pero no logramos hallar nada. Incluso, en la última sesión en que también se manifestó, le hicimos cambiar de ropa, poniéndose una especie de bata fina parecida a la que llevan los hindúes.

➢ Enrique no reaccionaba a los decibelios que originaba el sonido de nuestra voz, y para comprobar con mayor precisión esta aparente sordera, hicimos sonar una cinta-casssette con música rock a un volumen de 85 decibelios, mientras el experimentado los oía a través de unos auriculares. Sin embargo, no se manifestó en él ninguna reacción, mientras que antes del trance reaccionaba al ruido de 18 decibelios.

➤ Cuatro de los investigadores dijeron ver a la Virgen vestida de blanco atrás de Enrique. Antes de que expresaran en voz alta los detalles de la imagen, les aconsejé que los escribieran a escondidas de los demás, con el objeto de comprobar si coincidían las características o si variaban. Tengo presente que pudo ser debido a una alucinación, pero lo curioso es que todos escribieron peculiaridades idénticas, como las lágrimas en sus ojos, un niño desnudo en los brazos, un vestido sencillo blanco, una túnica que cubría su cabeza también blanca, una cegadora luz blanca fluorescente que emanaba de ella, el pelo rizado y castaño del niño, sus pies flotando en el aire sobre una especie de nube, un manto dorado que arrastraba por el suelo, y una gran sensación de paz y felicidad desconocida hasta entonces por ellos.

➤ Justo al mismo tiempo, los visionarios comenzaron a mirar fijamente a Enrique sin parpadear, mientras las pupilas de sus ojos parecían temblar moviéndose ligeramente de un lado a otro. Después de haber transcurrido dos minutos, sus pupilas dejaron de moverse y todos comenzaron a parpadear normalmente.

➤ La figura de una Virgen de madera que teníamos en el centro de la mesa, con el objeto de estimular nuestras mentes y facilitar la concentración mental en las invocaciones, temblaba a intervalos desordenados, únicamente cuando Enrique parecía estar en trance.

➤ En las tres ocasiones la luz eléctrica se fue durante unos minutos, justo antes de que se produjera la manifestación.

➤ El termómetro que estaba conectado, mostraba un descenso del calor de su cuerpo en cuanto la luz volvía a encenderse.

➤ Durante el trance, se le fijaban electrodos en su cabeza e instrumentos registradores en el corazón y las muñecas para comprobar los impulsos eléctricos. De esta prueba resultó que su pulso descendía desmesuradamente durante la experiencia, al igual que la velocidad de los latidos del corazón que prácticamente se hacían imperceptibles. Su respiración se volvía profunda, lenta y pausada, como si estuviera sumido en el más hondo de los sueños, aunque nunca perdió totalmente la consciencia.

➤ En el tiempo que se producía la manifestación, la temperatura calorífica del ambiente aumentaba incluso hasta 24°, mientras que antes de aparecer el supuesto trance habían 18°.

➤ En las cintas de video en las que estábamos filmando la sesión, no apareció ninguna imagen ni sonido ajenos a lo que vieron nuestros ojos u oyeron nuestros oídos.

➤ De los 10 cassettes conectados a psicógrafos que habían, sólo en uno se grabó una psicofonía en la que se oía tres veces repetidas la palabra "Bienaventurados". Ninguno de nosotros la escuchamos con los oídos físicos.

➤ El pequeño EEG al que estaba conectado, mostraba ondas cerebrales Delta.

➤ Era curioso el hecho de que inmediatamente antes de empezar a hablar, Enrique siempre movía su cuerpo cambiándolo de posición. Sus ojos entonces se movían de un lado a otro como si miraran el interior de sus párpados, ya que tenía los ojos cerrados. Era algo parecido a lo que sucede al estado REM, sin embargo, las ondas cerebrales no coincidieron con éste.

➢ Nuestras cámaras fotográficas consiguieron plasmar imágenes extrañas, hechas con manchas claras que se encontraban entre o detrás de nosotros, pero que sólo pueden traducirse subjetivamente. De forma que yo, como investigadora que soy, no le doy a este resultado demasiada importancia, aunque debe tenerse en cuenta que sólo aparecieron cuando Enrique se manifestaba como la Virgen. En las otras sesiones nunca sucedió.

➢ El comprobador de campos electromagnéticos, demostró que sus fuerzas electromagnéticas aúricas aumentaban en el momento en el que comenzaba a hablar.

➢ Posteriormente se le practicaron varias sesiones de hipnotismo con la intención de indagar más profundamente su mente. Nuestro compañero resultó ser muy receptivo a la hipnosis, y la consecuencia de las pruebas fueron el hallazgo de una sub-personalidad disociada en su mente, que al parecer se había originado ya en su infancia. Él pertenecía a una familia muy católica y creyente, puesto que sus padres le obligaban a rezar el rosario diariamente y a ir a misa todos los domingos. Recibió una educación que le coaccionaba continuamente con los supuestos pecados que la mayoría de sus actitudes o acciones eran, como por ejemplo, no comerse toda la comida, suspender una asignatura, no estudiar lo suficiente, mirar a una chica que le resultaba atractiva antes de terminar su carrera, etc. Enrique siempre ha comparado a su madre con la

Virgen, debido a la rectitud moral que ella tenía; incluso se descubrió que a sus 38 años de entonces, se mantenía soltero porque no había encontrado a ninguna mujer tan ejemplar moralmente como su madre, y en lo más profundo de él, no se sentía realizado, por lo que decidió estudiar medicina con especialidad en psiquiatría, pensando que el ser psiquiatra era un buen trabajo para ayudar a la humanidad. Enrique resultó ser extraordinariamente sensible, ya que el sufrimiento de cualquier persona le afectaba hasta el punto de ponérsele un nudo en la garganta y casi llorar. Para no demostrar su sensibilidad considerada por él como una debilidad, la ocultaba bajo una apariencia de carácter rudo, serio y tosco. Interiormente opinaba que era un protector divino frustrado, incapaz de solucionar los problemas ajenos.

➢ Cuando todos juntos, incluso él, intentamos diagnosticar lo sucedido, él fue el primero en comprender su actitud, y la felicidad que tuvo al caer en trance para liberar aquella virginal personalidad que permanecía clausurada en su mente, debido a los condicionamientos sociales.

➢ Otro de los importantes descubrimientos que resultaron de nuestras sesiones hipnóticas, fue la comprobación de que en este estado, Enrique tenía las facultades paranormales más acentuadas, puesto que adivinó en varias ocasiones los objetos que colocábamos dentro de una caja cerrada de madera, y cuyas características únicamente las conocía quien los introducía. También descubrió algunos secretos de los presentes, e incluso, dio ciertos datos de los que ni siquiera ellos eran conscientes.

➢ Uno de los fenómenos más destacados que se produjo, fue la descripción que hizo del accidente del hijo de Tomás Carbonell, un niño de tres años que, precisamente en aquel momento, se quemó con el aceite hirviendo que su madre (la mujer de Tomás) tenía en el fuego para preparar la cena de Tomás. Enrique describió físicamente al niño, transmitiendo su dolor. Cuando Tomás llegó a su casa, se encontró con su hijo Toni y su mujer Antonia, que acababan de volver de la clínica donde habían curado el brazo y la mano del pequeño que se había quemado. Nosotros nos enteramos de lo sucedido al día siguiente por la mañana. Lo que ocurrió pues, en aquella reunión, fue un fenómeno de clarividencia.

➢ Se constató que no existió, ni existe ninguna alucinación, histeria, catalepsia, neurosis o éxtasis patológico alguno individual o colectivo.

VIII

La creación mental como método de contacto con la Virgen

Las posibilidades existentes de que la personalidad mental revelada fuera la Virgen María o no, es algo que intentaré explicar científicamente apoyándome en las últimas investigaciones realizadas. No obstante, siempre he pensado que la experimentación, es el medio ideal para acercarse a las conclusiones más verídicas; por eso, después de dar por finalizadas las comprobaciones con Enrique, les propuse a mis compañeros la creación imaginaria de un ser inexistente, y para evitar que fuera el prototipo arquetípico de alguno de nosotros, o se utilizaran datos archivados consciente o inconscientemente, lo inventamos fundiéndonos mentalmente en la misma idea particular de quienes formábamos el equipo de experimentación. Y así, con los signos que ideamos individualmente, configuramos el resultado de un ente inexistente en la realidad, que medía unos 10 cm. de alto, tenía los ojos azules, un pelo rizado color oro tan largo que llegaba a los pies, y que vestía con una túnica de color azul cielo con adornos dorados que hacían juego con sus sandalias también doradas. En realidad, creamos mentalmente una bella mujer a la que bautizamos con el nombre de María.

La idea de este ensayo era comprobar si con una concentración hecha en equipo, podía llegar a manifestarse en forma de ente exterior a nosotros un ser al que le imprimimos solamente las características psicológicas e históricas de la Virgen María, ya que las físicas fueron alteradas y no correspondían a las peculiaridades que declaran quienes dicen haberla visto.

Todos hicimos grandes esfuerzos para concentrarnos controlando nuestra imaginación, y conjurar a una configuración virginal nueva. Enrique se autodominó enormemente para evitar cualquier estado de trance, con el objeto de que la prueba se realizara correctamente y de acuerdo a los planes preconcebidos.

El efecto de la investigación se manifestó una vez transcurridos 23 días a partir de cuando comenzamos la invocación. Entonces, los que estábamos presentes, vimos aquel pequeño y hermoso ser en medio de nosotros, sobre la mesa. La expresión de su cara era dulce, sonriente; sus labios se movían pronunciando frases que todos escuchamos individualmente, y sus movimientos fueron suaves. Todos observamos la supuesta manifestación guardando silencio durante el tiempo que la tuvimos presente (unos cinco minutos). Después, y conscientes como investigadores que somos, de que la visualización podía ser debida tanto a la autosugestión provocada por la concentración hecha sobre la imagen que entre todos habíamos ideado, como a una alucinación individual o colectiva, escribimos sin hablar nuestra experiencia personal para luego compararla con la de nuestros colaboradores. Todos, absolutamente todos, coincidimos en cada uno de los movimientos que el ente realizó, en las frases que pronunció, en los mensajes, y en las características que acompañaron su aparición y desaparición.

Primero, surgió zumbando por el aire de un lado a otro una especie de bola parecida al Sol, pero de diferentes colores. Aquello no tenía explicación, puesto que estábamos en el interior de un cuarto y además era de noche. Luego, la misma luz se colocó sobre la mesa y de ella se formó gradualmente la figura, utilizando una aglomeración de humo que, acumulándose y aumentando su concentración, quedó en menos de diez segundos convertida en ese agraciado ser, previamente visualizado por nosotros. Al principio apareció con las manos extendidas y levantadas hacia el cielo, al igual que su cara; en esa postura se mantuvo unos tres minutos, al mismo tiempo que transmitía mensajes futuros de la humanidad, semejantes a los anunciados por la mayoría de las apariciones marianas mundiales, como por ejemplo la Virgen de Guadalupe, la del Escorial, la de Fátima, Lourdes y otras incluso no cristianas. La mayor parte de los mensajes fueron catastróficos para el futuro del mundo, sin embargo, sus palabras estaban tan llenas de paz y tranquilidad que veíamos un porvenir justo y necesario para el bien del hombre. Después, las notificaciones fueron personales, de forma que cada uno escuchaba su propio mensaje particular, existiendo quien lo oyó incluso en valenciano, tal y como él acostumbra hablar.

Comprobamos si podía haber existido o existía en alguno de nosotros algún tipo de alucinación, neurosis, éxtasis patológico, catalepsia o histeria, pero el resultado fue negativo, tanto en las pruebas individuales como en las colectivas.

IX

La canalización de un método de contacto secreto

El comunicado más importante para nosotros, fue el método que la Virgen nos enseñó para que pudiéramos contactar directamente con ella, facilitándonos la clave y los pasos necesarios a seguir con el fin de lograr que ésta se nos manifestara cuando deseáramos, aunque nos estableció la condición de que deberíamos visualizar e invocar a la Virgen de Lourdes.

El ejercicio lo hemos repetido hasta este momento 30 veces, y de ellas se ha manifestado la Virgen de Lourdes en 25 ocasiones, lo cual demuestra que el método es sumamente eficaz. En la actualidad, sigo trabajando con la ayuda de otros colaboradores diferentes a fin de comprobar si el mismo sistema es válido para todos. Debo aclarar que con los compañeros con los que comencé la investigación mariana, siguen encontrándose con la Virgen individualmente, ya que aprendieron perfectamente las reglas a seguir.

Puedo afirmar que todos nosotros hemos presenciado el llamado milagro del Sol, que se ha visto desde que las apariciones marianas existen. Un buen ejemplo de ello, el que se presenciara en 1917 en Portugal, cuando a tres niños se les apareció la Virgen que más tarde fue llamada la Virgen de Fátima. La leyenda del Sol ha sido contemplada por millones de testigos en diferentes partes del mundo, ya que dicho fenómeno parece repetirse siempre que se producen apariciones marianas, existiendo grabaciones y fotografías de aficionados que han logrado plasmar el suceso. El raciocinio de algunos profesionales en cámaras de video o fotográficas, intentan explicar lo sucedido dando la posibilidad de que haya un fenómeno atmosférico extraño, o que las películas, e incluso los instrumentos, estén defectuosos desde su fabricación. Pero siempre que se ha estudiado el material, ha sido encontrado en perfectas condiciones, y con respecto al fenómeno atmosférico, no se ha localizado a nadie que tenga constancia de su existencia. Por lo tanto, el milagro del Sol acontecido a la luz del día, en la noche, al aire libre o en interiores, sigue siendo un enigma. Lo único que se sabe es que para lograr contemplarlo, es necesario acudir a cualquiera de los lugares donde se aparece la Virgen.

X

Objetivo: curación de enfermos desahuciados

Uno de los objetivos en mi investigación sobre las apariciones marianas, era comprobar datos sobre los milagros de sanación que suelen producirse en dichos lugares. Pero la meta más importante para mí, es que mis estudios sirvan para el futuro de la humanidad. De forma que todavía en la actualidad, intento demostrar que dichas curaciones son ciertas, y que la manifestación de la Virgen puede provocarse a voluntad, sin descartar la posibilidad de que dichos milagros pueden originarse también voluntariamente. Es decir, si muchas personas desahuciadas por la medicina tradicional han logrado ser curadas por una Virgen que se les ha aparecido en aquellos lugares donde suele hacerlo (Fátima, Medjugorje, Lourdes, etc.), el ser humano puede originar naturalmente el que ocurran sanaciones milagrosas en cualquier sitio, y a cualquier hora que se provoque a voluntad la aparición de la Virgen, siempre y cuando se siga correctamente la técnica que la propia Virgen nos dio para conseguirlo el día que se nos manifestó al invocarla. De lo contrario, el ejercicio puede convertirse en peligroso, y hasta dañar el equilibrio psicológico y mental.

Si indagamos en cualquiera de los lugares donde han habido manifestaciones virginales, nos encontramos con el denominador común de sanaciones en distinto nivel, algunas de ellas consideradas como milagrosas. Las curaciones suelen ser de tres clases: espirituales, psíquicas y físicas. La espiritual se realiza en aquellos que dejan de hacer daño a los demás y de experimentar rencor u odio, transformándose sus sentimientos en un amor universal que los inunda a ellos, a los demás y a la naturaleza entera. A partir de entonces, se les desarrolla una gigantesca comprensión que les hace apacibles y bondadosos con todo aquel que les rodea. La psíquica, sucede cuando las personas temerosas, con trastornos de personalidad o adictas a drogas, se liberan de aquello que las esclavizaba y les hacía autodestruirse psicológica o físicamente. Y por último, la curación física, que acostumbra ser la estrella de los llamados "milagros", ya que ocurre en los casos de individuos previamente desahuciados por la medicina, y que teóricamente sufren enfermedades incurables, controladoras del limitado tiempo de vida de quien la padece.

Pero tanto la ciencia, como la Iglesia, requieren el cumplimiento de unos requisitos previos para que a determinados hechos extraños puedan calificárseles de milagros.

Los verdaderos investigadores buscadores de la verdad, parecen caer mal a los creyentes fervorosos simplemente porque su seriedad hace que se les confunda con "abogados del diablo" o "aguafiestas". Sin embargo, pocos llegan a comprender que ellos son los creyentes más honestos, puesto que cuando creen en un milagro, tienen bases firmes para hacerlo, y saben discernir la realidad de la superstición, el sensacionalismo o la imaginación.

Para que un milagro sea calificado como tal, es imprescindible que se cumplan los requisitos científicos y religiosos previamente establecidos, puesto que ni los unos ni los otros aislados pueden asegurar la existencia de un milagro.

Ya en 1734, el cardenal Lambertini, que posteriormente fue elegido Papa en 1740, expuso una serie de condiciones para aceptar determinados milagros que las cumplieran, y que pudieran ser fundamentos de santidades, beatificaciones o canonizaciones. Todavía hoy, se están llevando a efecto las mismas disposiciones para aceptar una sanación milagrosa. Éstas son:

➢ La medicina se ciñe a mostrar un informe médico que evidencia la inexistencia de causas naturales que otorguen alguna explicación para la curación milagrosa.

➢ La enfermedad debe ser grave y comprobada por los más avanzados equipos técnicos que se posean en cada época, dando constancia científica y objetiva de la veracidad de su existencia, mediante demostraciones plasmadas objetivamente en radiografías o instrumentos médicos de investigación.

➢ Es necesario que el enfermo haya estado en tratamiento de su dolencia, fijándose sólidamente la incapacidad del método para curar la enfermedad.

➢ Las enfermedades mentales o subjetivas que no puedan plasmarse objetivamente en las investigaciones médicas, quedan desechadas rotundamente de la posibilidad de considerarse su curación como un milagro. Entre ellas se encuentran: las depresiones, obsesiones, neurosis y trastornos de personalidad en general.

➢ La sanación ha de ser veloz y pronta, preferiblemente instantánea, rotunda, total y sin ningún tipo de recaída o convalecencia. El beneficiario del milagro no debe reincidir posteriormente en ningún síntoma relacionado con la enfermedad que padeció.

➢ Para asegurarse que la curación es real, es imprescindible que transcurra bastante tiempo, incluso años, desde que sucede el hecho extraordinario, con el fin de evitar una falsa alarma de salud que conlleve consigo una recaída.

Sólo una vez constatados los anteriores condicionamientos, los equipos médicos presentan su informe al obispo pertinente, para que la Iglesia estudie el caso, decidiendo sobre la posible intervención de Dios en él.

La medicina tradicional, no ha encontrado todavía alguna explicación convincente del porqué de estas curaciones, y por su parte la Iglesia, es muy exigente a la hora de aceptar como reales tales supuestos milagros. De hecho, en el caso de Lourdes, existen más de 250,000 personas que aseguran haberse curado allí de sus enfermedades mortales. De todos ellos, sólo 10,000 informes médicos han confirmado que esto era real. Y de los 10,000 casos, la Iglesia en el año de 1989, reconoció como curaciones milagrosas exclusivamente a 65. Y concretamente en 1993, se han producido en Lourdes alrededor de 20 sanaciones asombrosas que se encuentran ahora en vías de estudio para decidirse si son o no milagrosas. Como he dicho antes, estos acontecimientos suceden allí, donde se manifiesta la Virgen. De hecho, el Dr. en química Draco Plecko de Croacia, ha podido corroborar varios casos semejantes ocurridos en el monte donde se aparece la Virgen de Medjugorje o en relación con ella. Uno de ellos pertenece a la americana Rita

Marie Klaus, que padecía una esclerosis múltiple, la cual se había desarrollado durante 26 años. La enfermedad se encontraba en un grado avanzado, puesto que tenía ya la rodilla completamente deformada, apenas veía y no podía realizar ninguna tarea debido a que su mano derecha le temblaba mucho. Casi no era capaz de mover su cuerpo, y además sufría de incontinencia e innumerables infecciones. Según la señora Klaus, se encontró perfectamente bien y sana después de rezar a la Virgen de Medjugorje y de ser atravesada por una especie de ola calurosa. Como prueba de ello existen los datos médicos pertinentes y las fotografías en las que puede verse a Rita antes y después de la sanación.

Antonio Longo de Nápoles, se licenció en pediatría en 1948. En 1983 fue operado tres veces del estómago a causa de un estado precanceroso del intestino grueso, extirpándole 90 cm. de íleon y toda la zona transversal, por lo que durante los seis años siguientes vivió con una salida artificial para el intestino. Necesitaba recibir cuidados médicos de dos a tres veces por día, pero su cuerpo ya no permitía volver a ser operado a pesar de que sufría continuas infecciones y secreciones. Sin embargo, el día 10 de abril de 1989 se curó repentinamente después de rezarle devotamente, él y su familia, a la Virgen de Medjugorje. Antonio está convencido de que su curación ha sido causada por la divinidad a la que se aclamaba.

Una francesa residente en Lyon, llamada Cristine Montagnier, ha sido otra de las protagonistas de una sanación milagrosa acaecida en Fátima. Esta mujer había sido operada dos veces de un carcinoma en la cabeza, encontrándose ya paralítica y sin habla. Su familia, que preveía el final de Cristine, la llevó a visitar a la Virgen de Fátima, donde no se comprobó ninguna mejoría. Pero cuando volvieron a casa, y la dejaron en su cama para dormir, la enferma comenzó a llorar mirando fijamente a una imagen mariana que había colgada en la pared, cuando de repente salió de su boca la palabra "mere" (madre); después, y ante su familia que permanecía extasiada observándola, se puso lentamente de pie, y con movimientos torpes, se dirigió hacia el cuadro para darle un beso. Su recuperación a partir de entonces fue rápida, y en tan solo un año, se ha convertido en una persona normal. Cristine dice que vio a la Virgen viva dentro del cuadro, y que además le habló diciéndole: "Estás curada, nómbrame y levántate". Para ella no existe ninguna duda de que la Virgen la haya curado.

El italiano Bruno Guantieri de Milán, quedó infectado de SIDA, cuando una noche se encontró con dos drogadictos tres manzanas más allá de la casa donde vive. Estos le amenazaron con pincharle con una jeringa llena de sangre si no les daba todo el dinero que llevaba, el reloj y el anillo. La jeringa estaba tan presionada a su cuello, que cuando Bruno se movió para extraer la cartera de su bolsillo interior de su chaqueta, movió ligeramente el cuello y se pinchó con la aguja. El no está seguro de que el asaltante lo hiciera adrede, cree que fue su movimiento el que originó el pinchazo, pero el caso es que le robaron y lo contagiaron de SIDA, que se le manifestó a partir de 8 meses de haber ocurrido el suceso. Cuando los síntomas de la enfermedad ya se encontraban en la tercera etapa, Bruno decidió ir a visitar a la Virgen de Lourdes. Sabía que iba a morir, así que sólo podía esperar un milagro. Bruno afirma que nunca había sido tan feliz como lo fue durante el tiempo que se encontró en Lourdes. Allí le pidió fervorosamente a la Virgen que le dejara vivir para cuidar a su mujer y a sus dos hijos. Al día siguiente todos los síntomas habían desaparecido, y cuando se hizo las pruebas médicas pertinentes, quedó demostrada la inexistencia del HIV (virus del SIDA) en su cuerpo. Su curación tuvo lugar en 1991, y está seguro de que la Virgen lo cuidará hasta que ya de muy anciano fallezca por ley de vida. Desde entonces, una vez al año ,él y su familia, viajan a Lourdes para agradecerle a la Virgen que todos ellos puedan seguir juntos y unidos.

La idea de poder demostrar que a traves de la técnica refractaria de cristales mariana (método para conseguir el contacto con la Virgen), podían conseguir curaciones semejantes, me incitó a dedicar mucho tiempo a dicha investigación.

De entre los enfermos que deciden voluntariamente participar en nuestras sesiones marianas, siempre elijo a quienes son creyentes y devotos de la Virgen. Esto lo hago con la intención de que su fe y religiosidad, apoyen el experimento con unas condiciones psicológicas favorables, aunque no descarto en absoluto, que llegado el momento, la técnica para ver a María sirva para todo aquél que la utilice, sin necesidad de ser creyente.

En 1988, conocí en Tetragrama a Salvador Gil. Durante nuestra entrevista pude observar el gran conflicto espiritual y psicológico que padecía como consecuencia del deterioro de su riñones. Salvador tenía 54 años y todos los domingos acudía a misa para rezar por su curación. Hacía más de ocho años que sus riñones no realizaban las funciones de filtración normales, y que las substancias normalmente eliminadas por la orina se le quedaban acumuladas en la sangre. Además no eliminaba las toxinas de su cuerpo y sufría graves trastornos metabólicos que se manifestaban en todo su organismo. El hizo todo lo posible por mejorar su salud, siguió una dieta severa, se trató con diferentes fármacos como los diuréticos (que aumentan la filtración renal) y los antihipertensivos (que conservan la tensión arterial en niveles normales). Habían pasado años mientras el enfermo todavía vivió con la colaboración de sus riñones, pero llegó un momento en que todas estas medidas fueron ineficaces, de forma que las funciones de sus riñones se sustituyeron por una máquina que le obligó a depender de ella. Después de realizársele una pequeña operación, para que una fístula cerrara el circuito sanguíneo en un brazo, con el fin de facilitar la puesta en contacto con la máquina de diálisis, Salvador tuvo que someterse periódicamente a sesiones de varias horas con la máquina tres veces por semana.

En el momento en que yo le conocí, este hombre llevaba dos años así, esperando encontrar el donante adecuado para recibir un riñón que le fuera trasplantado, liberándole de la esclavitud de la diálisis. Sin embargo, la idea de recibir órganos procedentes de un cadáver le preocupaba. Interiormente, pensaba que cada ser humano debe responsabilizarse de las condiciones de su cuerpo y aceptar humildemente sus sufrimientos, respetando a los demás vivos y muertos. En lo más profundo de su alma, sentía un gran dolor al pensar que el templo de un difunto iba a ser ultrajado para donarle parte suya a él. Por otro lado, se creía egoísta porque opinaba que cuando llegara ese momento, se liberaría de la máquina y podría hacer una vida normal. Este desequilibrio espiritual le provocó también problemas psicológicos, que se agravaron con los económicos.

Le propuse que participara con nosotros en una de las sesiones marianas, para que si se aparecía la Virgen, le pidiera por su curación. Él aceptó con mucha ilusión y se entregó al experimento en cuerpo y alma. Durante la reunión sus ojos estaban fijos, mirando la misma imagen que veíamos cuatro de los seis que habíamos con él. Pero hubo una diferencia entre nosotros y él. Los dos que no lograron ver esta vez a María, observaron como caían lágrimas por sus mejillas, a la vez que hablaba en voz alta, repitiendo una y otra vez: "Gracias Madre, me has salvado". Cuando terminamos el trabajo, Salvador parecía otro. Su cara estaba resplandeciente y alegremente emocionada. Se dirigió a nosotros diciéndonos que por fin había visto la luz y era feliz, porque sabía lo que debía hacer.

Salvador había comprendido en sólo unos minutos, la tragedia que se origina en el alma cuando se practica un trasplante, y el porqué de su enfermedad.

He de aclarar que durante la conexión con la entidad mariana, cada uno de nosotros habló por separado con ella, por lo que nadie oyó la conversación mantenida con Salvador; pero a partir de ese día él fue feliz, y su desequilibrio psicológico-espiritual desapareció. Realmente, todos fuimos testigos de la curación en este nivel.

Su forma de ser cambió radicalmente, e incluso puso un pequeño negocio. El dice, que el hecho de acudir a la máquina de diálisis, es una gracia que Dios le ha permitido al otorgarle un plazo más largo de vida, para que la aproveche y sepa vivir cada minuto de ella. La Virgen le hizo comprender que durante el tiempo que estuvo sano, no supo reconocer la belleza de la vida, ni en él, ni en los demás, ni tampoco en la naturaleza, porque simplemente existía como lo hace un zombie o un muerto en vida. La avaricia, los malos hábitos en la comida y la bebida, la falta de respeto a su organismo físico y a su mente, junto al olvido de Dios, le hicieron perder todos aquellos años en los que tuvo un cuerpo sano. Ahora es cuando se considera sano, sin darle importancia a su enfermedad física, puesto que está bien espiritualmente y psicológicamente. Se ha retirado voluntariamente de la lista de espera para recibir órganos de trasplante. En aquella sesión, entendió claramente que no es beneficiosos para el espíritu del receptor recibir órganos de otra persona, como tampoco lo es para el donante. Según él, se produce una alteración en la programación celular que rige la vida futura de ambos, mezclándose deudas kármicas del uno y del otro, de modo que el espíritu del difunto será perturbado, al igual que el del vivo. Para Salvador la muerte no existe, y el tiempo de vida física no tiene importancia, aunque sí la calidad que determina el estado espiritual y psicológico, no el físico. La Virgen le enseñó a vivir de verdad, por lo que está convencido de que no necesita órganos de nadie, y que la realización de trasplantes solamente demuestra la ceguera espiritual y el egoísmo mortal del mundo físico.

Ahora vive, porque sencillamente es consciente de sí mismo, sabiendo que antes con, o sin enfermedad, estaba muerto porque se olvidó de él, confundiendo a la muerte con la vida, y buscando fuera al niño que llevaba dentro, y que le ha enseñado a amarse y a amar de verdad.

Para designar el cambio que sufrió Salvador en aquella sesión, emplearía la palabra "renacimiento". Este hombre no se curó físicamente, pero sí espiritual y psicológicamente. Sin embargo, han habido otras personas que sí han sanado su dolencia física, como por ejemplo María Luz González.

María Luz sufría una úlcera gástrica que amargaba su vida. Los síntomas que padecía desde hacía ya dos años eran: hemorragias orales o hematemesis, hiperacidez gástrica producida por la extrema actividad de las histaminas, que le provocaba lesiones en la mucosa, ya desequilibrada por trastornos circulatorios; dolores del estómago tan fuertes que los calificaba como "algo abrazador", sólo semejante al dolor producido por el fuego. Esta enferma adelgazaba progresivamente, porque entre otros motivos, temía comer, ya que era precisamente durante o después de cada comida, cuando sentía un malestar doloroso agudizado, debido seguramente a que los alimentos irritaban directamente su úlcera, o a los movimientos de su estómago durante el proceso digestivo gástrico; después de ingerir los alimentos, solía vomitarlos en compañía de sangre; en su orina se había localizado albúmina, cada vez orinaba menos, y sus heces presentaban un color oscuro, motivado por la sangre que también excretaba.

María Luz es hermana de uno de mis colaboradores, y entonces tenía 45 años. Se encontraba en tratamiento dietético y medicamentoso, pero como su estado no mejoraba, los médicos ya le comenzaban a plantear la posibilidad de una intervención quirúrgica. Así que decidimos todos, de mutuo acuerdo, que asistiera a algunas de nuestras sesiones marianas, con el fin de darle una oportunidad de sanación, y de comprobar la efectividad de nuestro método para contactar con la Virgen, y para lograr influir positivamente en un estado físico deteriorado.

El hermano de la doliente le propuso la prueba, pero ella a pesar de ser católica practicante, rechazó la idea por temor. Sin embargo tuvo un sueño esa misma noche que le hizo cambiar de opinión. Soñó que la Virgen abría la puerta de su habitación diciéndole: "Hija mía, ven, te estoy esperando". Cuando despertó por un dolor fuerte de estómago, recordó aquella experiencia onírica, al mismo tiempo que experimentaba unos deseos incontenibles de formar parte de nuestro experimento. De modo que fue aquella misma noche cuando nos reunimos, presionados incluso por la impaciencia de la enferma, que no sólo había perdido el miedo, sino que deseaba ansiosamente colaborar.

Conseguimos la conexión fácilmente, y fue precisamente María Luz quien con la mirada fija en el cruce de las luces que reflejaban los cristales de nuestros espejos, pronunció la siguiente frase: "¡Oh Madre, que feliz soy, me has salvado!". Cada uno de nosotros recibió mensajes personales, pero todos vimos en el mismo momento un haz de rayos luminosos que se dirigía desde la figura de la Virgen hasta nuestra invitada. Cuando la imagen desapareció, yo estaba deseosa por saber cuál había sido la experiencia de María Luz que lloraba emocionada.

Al calmarse, nos dijo que estaba segura de su curación, y como prueba de ello nos invitaba al día siguiente a comer a su casa, para que viéramos la reacción de su organismo después de tomar los alimentos. Nos explicó que había escuchado a la Virgen, pero que no nos podía comunicar sus revelaciones, aunque anhelaba formar parte de nuestro grupo de investigación, cosa que logró.

El tiempo, y las pruebas médicas, han demostrado que en su estómago no existe ninguna úlcera. Nunca más volvió a tener los síntomas característicos de aquella enfermedad, que pareció desintegrarse en la sesión de contacto mariano. Pero no puedo dejar de exponer el cambio de María Luz respecto a su carácter y forma de ver la vida. Desde entonces se convirtió en una vegetariana pura, con el fin (según ella) de respetar su cuerpo y el de los animales, a los que ama como si fueran hijos suyos. Ahora reconoce vida en todo, y ni siquiera mata moscas, ni a los insectos que entran en su casa. Normalmente los atrapa con un cucurucho de papel y los saca al jardín de su vivienda. Está convencida que su enfermedad le era merecida, porque no supo cuidar ni amar a la divinidad que formaba su cuerpo, y sabe que llegará un día en que hará cambiar de opinión a su marido, el cuál totalmente escéptico, achaca su curación a la casualidad o a un proceso natural, así de repentino. Desde entonces, María Luz se ama a sí misma y ama a todo lo que la rodea, y sigue comunicándose con la Virgen en espera de poder hacer lo que la Madre le ordene en su momento.

Como puede observarse, éste no es solamente un caso de sanación física, sino también espiritual. Y su resultado ha sido tan favorable, que estoy convencida de haber encontrado un camino maravilloso para conseguir una sobrevivencia humana feliz en cuerpo y alma. Las investigaciones siguen realizándose, y aunque no obtenemos el efecto deseado en todos los casos, sí existe un porcentaje elevado de curaciones que ya no permiten admitir ninguna duda con respecto a la efectividad del método de contacto mariano en la sanación.

Desde que comencé mis investigaciones sobre el contacto mariano, han transcurrido ya varios años; y a medida en que ha ido pasando el tiempo, he podido conocer a numerosas personas que dicen no sólo haber visto y hablado con la Virgen, sino que además aseguran haber sido curadas de graves enfermedades y de dolencias a veces mortales. Obviamente, son muchos los testimonios al respecto, pero es evidente que el mayor progreso conseguido, ha sido el poder lograr esas comunicaciones o sanaciones, provocadas a voluntad con el control de la mente. Y aunque al principio de mi experimento, solamente aceptaba para colaborar con mi equipo a personas creyentes, después he puesto especial interés en integrar a algunos de los que decían haber sido merecedores de la gracia especial de comunicarse con la Virgen, u obtener favores de ella. No obstante, exigí antes de aceptar su compañía, hacer una comprobación lo más exacta posible de aquello que aseguraban habían vivido.

XI

La Virgen de los Desamparados curó a mi madre

Hasta ahora no he hablado de mi madre, debido a que ella nunca me dio el consentimiento para hacerlo. Yo nací y crecí en París, y en el consultorio que tenía, me daba los biberones que me correspondían, a veces delante de los clientes que acudían a ella en busca de su energía sanadora. Entonces una de sus actividades era la curación energética, y todavía hoy, a sus más de 70 años, sigue dedicándose a la sanación psíquica con el porcentaje de resultados positivos en curación de un 80%.

Yo estoy orgullosa de ella, y he considerado que parte de su pasado espectacular y comprobable, en relación con su salud y con la Virgen, debería de conocerse. El hecho de que fuera precisamente mi madre, motiva que éste y otros acontecimientos se guardaran en secreto, intentando evitar al lector sacar falsas conjeturas que hicieran confundir la realidad pasada con dobles intenciones, desafiantes a hechos tangibles que podían ser desvirtuados por el escepticismo de quienes no creen porque no pueden, o simplemente porque desean conseguir la incredulidad de los demás.

A mi no me han importado nunca estas opiniones, y por fin he conseguido que ella me autorizara para comunicar algunas de sus extraordinarias experiencias personales, sin miedo a que quien la conozca, pueda pensar en su locura o en la mía, ya que puede demostrarse todo lo expuesto. Por otra parte, considero necesario comunicar la Belleza Universal Divina manifestada en algunos humanos que llegan a verla, ya que estoy convencida de su existencia en absolutamente todos los seres vivos. Sin embargo, si no fuera por muchos testimonios como el de mi madre, la fuerza de la fe no se alimentaría con el impulso verdadero del amor. Por eso, animo con este testimonio a todas aquellas personas privilegiadas con sucesos extraordinarios, que por motivos personales, han preferido permanecer en el anonimato, sustituyendo su nombre por otro o simplemente no hablando por miedo a la vergüenza, a la crítica u otros motivos.

Mi madre, ha dado el consentimiento para hacer pública parte de su historia, manteniendo en el anonimato algunos datos personales.

Su vida pasada es tristemente emotiva, y ella resume así los datos que al lector pueden interesarle con respecto al tema de este libro, ya que ha vivido muchos otros acontecimientos sorprendentes en el mundo paranormal.

"Mi infancia aconteció en un pequeño pueblo al que llamaré simbólicamente Principio, porque fue en ese lugar precisamente donde yo y mi cuerpo físico conexionamos por primera vez con este mundo. Mi infancia fue dura, y trabajé desde muy joven ya en la ciudad.

Cuando tenía alrededor de 30 años, caí enferma de tuberculosis terminal. Es una época de mi vida que no deseo recordar debido a su crueldad. Yo era consciente de que mis padres, hermanos, cuñados y conocidos deseaban mantenerme a distancia por miedo al contagio.

Cuando acudía a comprar a las tiendas, me decían que me fuera porque sabían lo que padecía, ya que mi propia familia lo había divulgado, previniéndoles en contra de mi dolencia. Así que me encontraba en mi casa, sola y angustiada, asimilando mi enfermedad, el poco tiempo que me quedaba de vida, y la actitud que mi familia y el pueblo entero habían tomado.

Cuando hablaba con alguna persona, notaba como intentaba hacerlo sin acercarse demasiado, evitando respirar y alejándose lo más rápidamente posible de mi. Solamente una amiga, tenía la suficiente valentía para traerme la comida a casa, y la verdad, es que de no ser por ella, me hubiera muerto de hambre, Mi familia y la del que fue mi marido, no venían a visitarme casi nunca por miedo a que los contagiara, y yo me encontraba de nuevo en el pueblo donde había nacido como si fuera un vegetal, al que si no le echaban agua, moriría muy pronto.

El médico que me correspondía de la S.S. estaba en el pueblo de al lado, y después de las pruebas necesarias, me hizo saber lo que ya era conocimiento de todos.

Dr.- "Señora, lamento mucho comunicarle que usted tiene ya grandes cavernas en los pulmones. El tiempo de vida que le queda es muy limitado, y las posibilidades de contagio para los de su alrededor son altas".

En realidad no me sorprendió mucho su noticia, porque mi amiga ya me había comentado el "chismorreo" del vecindario. Así que opté por hacer un gran esfuerzo, y pese a mi grave estado de salud y mi pesada tos, decidí internarme en el Hospital Provincial de Valencia, que entonces se hallaba en la calle del Hospital.

Yo tenía alrededor de 30 años y mi vida, irremediablemente se acababa muy rápido. Todo lo que me había sucedido parecía una horrorosa pesadilla; de modo que para evitar vivir rodeada por los ascos y repulsiones de quienes temían verme (ya que me habían dejado sola, tanto mis padres como mis hermanos y otras personas), acudí al hospital, donde me volvieron a hacer todas las pruebas necesarias. Lamentablemente, el resultado fue el mismo.

Ya sólo me quedaba ingresar en el centro sanitario en espera de la muerte, soportando todo el sufrimiento de un desesperanzador tratamiento porque... ¿dónde podía estar yo, mejor que allí?, si no tenía a nadie que me cuidara y compartiera el dolor conmigo. ¿Dónde mejor que estar allí, para no tener miedo de contagiar a alguien? La decisión ya estaba hecha pero, no obstante, algo en mi interior me decía que yo no estaba sola. En lo más profundo de mi alma, tenía la seguridad de que Dios no me abandonaría, de modo que el día anterior al ingreso en el hospital, acudí a la Basílica de la Virgen de los Desamparados de Valencia a rezar para pedir por mi curación, porque no contagiara a nadie, puesto que esta idea me obsesionaba, y porque... si tenía que morir, como todo indicaba, lo hiciera en paz, sin sufrimiento y amparada directamente por la Virgen María, con quien me quería ir a vivir a ese perfecto lugar celestial donde la felicidad es el único estado que existe.

Recuerdo que la tos persistente y característica de mi enfermedad, me avergonzaba al percatarme de cómo la gente trataba de evitar acercarse a mi, saliéndose de la Iglesia rápidamente. Esta situación me intimidaba mucho, porque no quería que nadie se enfermara por mi culpa, pero a mi ya no me quedaba tiempo para volver allí, así que aproveché ese día al máximo posible para acercarme a la Madre de los Desamparados, puesto que a la mañana siguiente iba a ingresar en el hospital muy temprano, y pensaba que seguramente ya no saldría nunca más a la calle.

Me arrodillé delante de la Madre, pero como mi estado de salud no me permitía estar mucho tiempo así, me senté cerca del altar. No sé qué me sucedió, lo cierto es que terminé estando ausente de todo lo que me rodeaba durante más de una hora. Solamente miraba a la figura de la Virgen, hablando con ella para pedirle por todo lo que he dicho antes. Y fue allí precisamente cuando me respondió por primera vez. La Virgen se movió sonriéndome, dejó al niño en la base del altar, levantó sus brazos y dirigiendo sus manos hacia mí, me envió una especie de luz blanca llena de algo parecido a pequeñas palomitas similares a la nieve, que me inundaron mientras me decía: "Hija mía, vete en paz, porque estás curada. Tu vida es larga, y con tu trabajo y esfuerzo obtendrás bienes materiales. No dudes nunca de que yo estoy contigo. Búscame cuando desees, siempre me encontrarás". Sé que estas palabras dichas por mi ahora pueden parecer poca cosa, pero lo más importante es el profundo bienestar inexplicable que sentí cuando oí esas frases. Yo conocí en aquel momento la felicidad, y puedo asegurar que existe, aunque no tiene nada que ver con la que el ser humano busca en el mundo material. Entonces cayeron muchas lágrimas por mis mejillas, y el sonido de mis propios sollozos, me hicieron salir de aquel estado maravilloso de trance.

Recuerdo que esa noche dormí en una pensión, y por primera vez en varios meses, pude hacerlo sin despertar por la tos. A la mañana siguiente ingresé en el hospital que se iba a convertir en mi nuevo hogar. En la sala donde me encontraba, todos mis compañeros padecían enfermedades con una base común a la mía (los pulmones enfermos). Allí me trataron con medicamentos y neumotoras. A pesar de que los dos pulmones estaban enfermos y con cavernas, los médicos decidieron extraerme el que estaba en peores condiciones, por lo tanto comenzaron el tratamiento de desecación necesario, hasta que al cabo de unos días, me hicieron unas pruebas que indicaban la inexistencia de mi enfermedad. Yo había dejado de manifestar los síntomas de un tuberculoso terminal y nadie entendía cómo ahora estaba sana y sin ninguna señal de cavernas pulmonares. Desconcertados me dieron de alta, y con la documentación necesaria que lo testificaba, volví al pueblo, donde mi alegría se vio mermada por la actitud de mi familia y de todos sus habitantes, ya que pronto se extendió la noticia de que los médicos me habían enviado allí para morir.

Acudí al médico de la S.S. del pueblo vecino al mío para decirle lo sucedido, y después de adoptar una actitud escéptica e incluso cruel conmigo, porque no admitía que estuviera curada, aceptó la conclusión de algunas pruebas, superando un orgullo profesional que se encontraba herido ante la demostración evidente de una salud, contraria a la que anteriormente indicaba mi corto futuro. A pesar de que los médicos no acostumbraban creer en los milagros, admitieron la extrañeza de mi caso. Entonces no dije a nadie lo que me sucedió, porque nadie me lo hubiera creído, pero la verdad es que estoy completamente segura de que la Virgen de los Desamparados me curó el día que me habló inundándome con su luz blanca.

A partir de entonces decidí empezar una nueva vida, alejándome totalmente del pueblo. Formé un nuevo hogar feliz con el que hoy es mi marido, de cuya unión nació mi hija (Adela Amado). He trabajado siempre ayudando económicamente a mi casa. Mi vida no ha resultado fácil, porque tal y como me lo dijo la Virgen aquél día, con mi esfuerzo he conseguido bienes materiales. Pero nunca he vuelto a sentir la soledad, no sólo porque tengo una familia, sino porque la Madre ya nunca ha dejado de comunicarse conmigo, y a pesar de todos mis problemas, soy feliz, ya que en mis momentos débiles psicológicamente, ella siempre me recuerda que los problemas son lo que uno piensa que son, porque cree en ellos.

Así habla mi madre cuando recuerda, con una amargura entremezclada con felicidad, lo sucedido hace casi 40 años. Los numerosos trabajos psíquicos que me ha demostrado durante toda mi vida y que he hecho con Tetragrama, han evidenciado una gran fiabilidad de sus facultades paranormales, tanto precognitivas, clariauditivas, como de sanación. Ella es una de las personas que colaboran conmigo actualmente en mi método para contactar con la Virgen, y claro está que no le resulta nada difícil, puesto que desde su curación milagrosa la oía y la veía sin necesidad de ir a la Iglesia, ya que siempre me decía que Dios y la Virgen están con cada uno de nosotros, aunque fue algunos años después, cuando aprendió a controlar voluntariamente sus comunicados marianos, además de otras muchas facultades PSI.

Indudablemente, éste es un hecho verdadero, y a pesar de que mantenemos en el anonimato a bastantes personas, respetando su expresa voluntad, he expuesto el testimonio de algunas personas todavía vivas hoy que presenciaron lo ocurrido. Algunos miembros de la familia de mi madre, ya han fallecido, pero aún quedan testigos de aquella situación. Ella no desea que se nombre a nadie que no dé su consentimiento para ello, y aunque es muy conocida porque destaca como una gran maestra espiritual y sanadora, hasta ahora no facilitó que sus seguidores conocieran su intimidad personal, ni el orígen de sus mensajes, por miedo a que la calificaran como trastornada mental.

Algunos de los testimonios recopilados son éstos, pero debe tenerse presente que otros datos más comprometidos siguen resguardados de la publicidad en los archivos de Tetragrama.

➢ M.G.M.: Yo la vi en la sala del hospital porque un familiar mío también estaba ingresado ahí, desafortunadamente el sí falleció. Ella también estaba muy enferma, y entonces jamás pude imaginar que superara su estado.

➤ I.L.F.: Todos en el pueblo conocíamos lo que le sucedía, y cuando supimos que había vuelto, esperábamos su muerte. Su propia familia difundía esta idea entre los conocidos.

➤ E.F.A.: Mi madre era la única que le llevaba comida a esa señora, y siempre nos ha comentado que lo hacía por lástima al verla sola, pero con mucho miedo al contagio.

➤ V.T.A.: Yo hablé algunas veces con el médico del pueblo, que me aconsejó mantenerme alejada de ella y vacunarme contra la tuberculosis.

➤ L.A.M.: Yo soy todavía amiga, y me avergüenzo de la actitud que adopté entonces con ella. No pude evitarlo, temía por la salud de toda mi familia, además, estábamos seguros de los escasos meses de vida que le quedaban. Cualquiera puede comprobarlo indagando en los correspondientes informes médicos.

➤ A.J.M.: Nunca supimos lo que realmente ocurrió. Siempre imaginamos que ella estuvo en tratamiento muchos años, y que quizás todavía tenga secuelas de su enfermedad.

➤ C.S.R.: Yo conocía personalmente al doctor de la S.S. Él se ofendió mucho cuando ella volvió allí diciendo que estaba curada. Sus pruebas habían demostrado la fase terminal de su enfermedad, así que no aceptaba una curación milagrosa, que hería su orgullo y prestigio profesional. Por eso, y por su fuerte carácter, reaccionó duramente con la privilegiada enferma.

He considerado importante reseñar el caso de mi madre, tanto por su autenticidad, como por la Virgen de que se habla. La historia de la Madre de los Desamparados no destaca en el mundo por sus apariciones marianas, ni por la extremada fama de sus milagros. Sin embargo, aquí tenemos un ejemplo de que esta capilla construida en el siglo XVII, debido al insistente entusiasmo de sus seguidores, y que actualmente es la Basílica Real de los Desamparados, también es un lugar milagroso seguramente desde hace siglos.

Sus devotos de la ciudad valenciana y de la huerta la apoyaron tanto desde hace siglos, que llegó a proclamarse Patrona dos siglos antes de que la Bula Pontificia lo hiciera, celebrando ya anualmente la fiesta de los Desamparados. Fue precisamente en el siglo XIX, cuando se proclamó oficialmente Patrona con la Bula Pontificia del S.S. León XIII. En la actualidad existen varias actividades que la devoción popular hace a la Virgen, como son la Missa d'Infants, y la majestuosa ofrenda de flores que en las fiestas de Valencia "Las Fallas", parece convertir a la Madre en un jardín de amor florido, como indicando que cualquier esperanza disecada en tristeza, puede alegrarse floreciendo en una renovada alegría.

XII

Viajes astrales con la Virgen

El arte de abandonar el cuerpo físico conscientemente, viajando fuera del mundo material con sólo el cuerpo energético, que también tiene la misma forma de aquella materia a la que pertenece, se le denomina comúnmente "proyección astral".

Pero este calificativo ofrece confusión a los iniciados en el tema, puesto que un viaje astral corresponde al que se realiza en el plano de energía llamado astral. Sin embargo, al igual que existen siete cuerpos (físico, etéreo, astral, vital, mental inferior, mental superior y espiritual), también hay siete planos que le corresponden, o lo que es lo mismo , los siete lugares de donde son originales y tienen sus raíces (plano físico, etéreo, astral, vital, mental inferior, mental superior y espiritual). Al mismo tiempo, cada uno de estos cuerpos y planos, con sus respectivos colores (rojo, naranja, amarillo, verde, azul, índigo y violeta), se relacionan principalmente con uno de los siete chakras que les ofrecen su puerta de entrada al cuerpo físico, con las siete longitudes de onda que forma el espectro solar y con el sonido de las siete notas musicales.

No obstante, no voy a entrar en detalles sobre este tema, que se encuentra ampliamente explicado en mi libro titulado "La inmortalidad a su alcance". En éste momento, sólo deseo hacerle comprender al lector, que dependiendo del plano, del cuerpo, del color y del sonido que utilice en su proyección, estará realizando un viaje etéreo, astral, vital, mental inferior, mental superior o espiritual; según el viaje que sea, las vivencias también se diferencian, por ejemplo, en el viaje etéreo son negativas y llenas de peligros, en el astral emocionales o sexuales, en el vital indiferentes, en el mental inferior están repletas de pruebas relacionadas con la vida del sujeto o de exámenes, en el mental superior se transmiten mensajes espirituales, y en el espiritual se contacta con esencias puras y elevadas.

De todo esto, se deduce claramente que no puede calificarse como viaje astral a cualquier viaje consciente, ya que dependerá del lugar donde se realice.

En mi investigación sobre los posibles contactos arquetípicos marianos, la experiencia se ha desarrollado en el plano espiritual, y aunque yo califique el hecho de viaje astral durante la explicación que sigue, lo hago con el objeto de no originar confusiones al romper el viejo esquema equivocado de calificar como viaje astral a cualquier tipo de viaje, y para quien desee profundizar más en esto, expongo a continuación de forma clara la relación existente entre cada chakra, plano, cuerpo, color y sonido.

En julio de 1990, mi interés por obtener técnicas más variadas para encontrarse con el arquetipo de la Virgen, me incitó a intentar averiguar si los mismos que podían comunicarse con ella a través de mi personal método, también lograban viajar hasta el plano energético más puro y cercano a la Madre Divina, consiguiendo estar con ella astralmente, mientras su cuerpo físico dormía. Mi **meta** pretendía demostrar esto, si es que podía hacerse, y si así era, seguir extendiendo la práctica en aquellos que nunca se habían comunicado con ella, o ni siquiera creían en Dios.

El ejercicio era fácil. Sólo necesitábamos el interés que indudablemente ya teníamos, más la fuerza de voluntad para trabajar psíquicamente cuando nos íbamos a dormir, aplicando las normas establecidas para facilitar el hecho.

En esta época, todavía se encontraban en mi equipo algunas de las personas con las que comencé a trabajar años atrás en este asunto que, por entonces sólo era un proyecto. Junto a ellas, había otros colaboradores nuevos como Carmen Santamaría, Ángel Alberola o Amparo Cosín.

De los doce que en ese momento componíamos el equipo, nueve logramos vivir un viaje astral consciente, estando junto a la Virgen un tiempo real que no supimos determinar conscientemente sólo por nosotros mismos. Adaptándonos al horario establecido por las normas sociales, llegamos a la conclusión de la cantidad del tiempo humano que cada uno de nosotros estuvo con la Gran Madre. Mi madre y yo viajamos juntas, y volvimos del paraíso donde estuvimos también al mismo tiempo. Cuando abrimos los ojos de nuestro cuerpo físico, habían transcurrido 2 horas y 45 minutos a partir de cuando los cerramos para comenzar el viaje. Pero teniendo en cuenta que en la preparación de dicho desplazamiento se necesita al menos de 10 a 20 minutos, se deduce que como término medio, debemos descontar del tiempo de encuentro 10 minutos para todos.

Vicente Hernández tuvo un viaje astral mariano de 15 minutos, Tomás Carbonell de 35 minutos, Antonio Núñez conectó durante una hora y 20 minutos, Angel Alberola lo hizo durante tres horas, mi madre y yo durante tres horas y 10 minutos.

Carmen Santamaría estuvo con la madre tres horas y 30 minutos, para Amparo Cosín el encuentro duró tres horas con 42 minutos, y quien mayor tiempo acompañó a la Virgen astralmente fue Enrique Morales con tres horas y 55 minutos.

Naturalmente, como científicos-espirituales que nos consideramos, cada uno de nosotros, escribió en su casa su viaje astral personal, acompañando al escrito los máximos detalles posibles.

Todos comenzamos a realizar la práctica a la misma hora, a la una de la madrugada. Nuestros relojes habían sido sincronizados y comprobados previamente con el objeto de que el equipo completo viajara al mismo tiempo, aunque desde distintos lugares, puesto que cada uno se hallaba en la cama de su casa.

Una de las metas del ejercicio, consistía en la posibilidad de encontrarnos los unos con los otros en el mismo lugar energético hablando con la Virgen.

Fue impresionante leer los testimonios que cada uno había escrito en su libreta de control experimental al volver a su cuerpo físico. Y aunque algunos no nos encontramos astralmente, siete de los nueve que localizamos a la Virgen, describimos exactamente el mismo lugar, con características similares. Pero todavía más sorprendente es el que unos nos viéramos y otros no, cuando todos estábamos viajando entre la 1 y las 4 horas con 45 minutos de la madrugada. Yo siempre estuve con mi madre, y ambas vimos exclusivamente a Enrique Morales y a Vicente Hernández, a nadie más. Ellos también nos vieron a nosotras, Antonio Núñez y Tomás Carbonell se vieron y hablaron entre ambos, lo mismo sucedió con Carmen Santamaría y Amparo Cosín, sin embargo, Ángel Alberola sólo vio a la Virgen.

Cuando nos reunimos al día siguiente para confirmar la veracidad o exactitud de nuestro experimento, en relación con la exposición de los apuntes individuales, nos quedamos atónitos al ver que la descripción del lugar era idéntica en todos, pero, ¿cómo era posible que durante el mismo tiempo terrenal, hubiéramos estado en el mismo sitio y no nos viéramos todos? Quizás la respuesta adecuada sea que el tiempo es diferente en distintas dimensiones. Podrían darse otras explicaciones lógicas e hipotéticas, pero no pasarían de ser sólo eso, hipótesis, como por ejemplo, la de imaginar una comunicación telepática entre los miembros del equipo, y por eso coincidimos en los detalles de la zona donde estuvimos.

Sin embargo, hubo otra sorpresa más: la coincidencia de recibir todos un mensaje común y una palabra clave. El comunicado estaba compuesto por las mismas palabras, y nuestro amuleto personal (así es como ella calificó el vocablo secreto), era exactamente la misma frase para todos, pero nos puso la condición de que jamás la diríamos a nadie que no perteneciera al grupo. Sin embargo, sí podíamos transmitir los otros mensajes a personas ajenas al equipo de investigación. ¿Tal vez este hecho fue una conexión telepática?, ninguno de nosotros opinamos así, pero como investigadores debemos dar opción a quien lee estas líneas, para que piense lo más conveniente para él.

La descripción de todos nosotros coincidía en los siguientes puntos: nuestro cuerpo astral, que previamente se había fusionado con el cuerpo de la luz virginal, se trasladó apaciblemente por un túnel energético rodeado de seres espirituales que parecían ser parte del mismo túnel formando sus circunvalaciones. Todos sus cuerpos estaban llenos de vida, mirándonos desde sus respectivos lugares como perdiendo su mirada a través nuestro. Era como si vieran millones y millones de kilómetros, e incluso galaxias enteras dentro de nosotros.

El cuerpo de luz virginal, nos conducía guiándonos hasta un lugar maravilloso. La llegada a este sitio, fue parecida a un parto placentero, de repente la luz fluorescente que nos acompañaba, se hizo ilimitada, universal, y allí ante nosotros, se encontraba una especie de nube blanca que poco a poco fue transformándose en una imagen mariana, haciéndonos señas para que nos acercáramos a ella. Era una zona solitaria, pero con un paisaje muy bello, y nuestra vista se perdía en el infinito, cuando mirábamos a lo lejos sin alcanzar ningún límite fronterizo en el alcance de nuestra visión.

A todos nos invadió una sensación de paz indescriptible. Me imagino que solamente se parecerá a la que se puede sentir cuando nos fusionemos con el Todo o Dios.

Junto a la Madre Divina, se hallaba un nacimiento de agua clara y cristalina que brotaba de entre unas piedras doradas como el oro. Muy cerca de él, había un árbol inmenso, del que calculamos mediría por lo menos un kilómetro de alto y 250 metros de ancho. Su forma era piramidal y emanaba un gran amor, al igual que lo hacía el paisaje completo.

La Madre Divina que vimos, era semejante a la de Lourdes, aunque se nos presentó simplemente como "Madre". A nuestra llegada, actuó con todos de igual manera, a excepción de las conversaciones personales y privadas que mantuvimos cada uno de nosotros con ella. Al acercarnos, sus manos tomaron agua del manantial, dándonosla para beber. Después nos entregó nuestra palabra clave y nos dijo que transmitiéramos los siguientes mensajes:

"El que llegue a mí, habrá superado la duda".

"Debéis hacer de vosotros mismos mi capilla, para que vuestros hermanos aprendan a llegar a mí, con vuestra personal construcción. Esta es el agua del amor y la vida que debéis saber dar de beber. Vosotros sois la fuente de manantial móvil, que siempre inagotable regará las tierras áridas, para que nazca el árbol de la sabiduría".

"No existe un lugar fijo ni para este manantial ni para este árbol (dijo señalándolos), ya que están en el interior de todo. Lamentablemente mis hijos acostumbran a buscarlos fuera, materializando en piedra la capilla o ermita que llevan dentro de sí, y que debe cobijar a los demás como si fuera una escuela en donde se enseña a construir el divino Templo de uno mismo".

Entonces nos pidió que tomáramos del árbol la fruta que deseáramos, pero allí no había nada, el arbusto estaba lleno de hojas de un color verde desconocido en la Tierra. Todos reaccionamos igual, girando de nuevo la mirada hacia la Virgen y diciéndole... **"Madre, ese árbol no tiene frutos"**, a lo que ella nos contestó... **"Para poder ver, primero hay que saber mirar, vuelve de nuevo tus ojos hacia el árbol y toma la fruta que desees, todo está en él"**. Y así sucedió efectivamente. Cada uno tomó la fruta que en ese momento le apetecía. Mi madre y yo arrancamos dos manzanas, Enrique y Vicente cerezas, Antonio una naranja, Tomás y Carmen melocotones, Amparo una ciruela y Ángel una pera. Luego, la Virgen siguió hablando, mientras nos miraba dulcemente.

"Coman vuestra fruta preferida, y dad también vuestro fruto a quien cansado y hambriento se acerque a vosotros, porque ha aprendido a mirar. Y al que todavía no ve, dadle agua para calmar la sed que provoca su ignorancia, regad su tierra árida, cobijarlo en nuestra capilla hasta que comience a nacer el árbol, y sepa comer de su fruta, cuando haya aprendido a mirar. Mas si no desea vuestro cobijo, dejadlo andar, todavía no es su momento, ni está lo suficientemente cansado. Cuando lo sea, otra ermita andante lo guardará".

La despedida fue para todos especialmente emocionante, nuestra estancia se había convertido en un abrazo de tanto amor, que temíamos perder esa sensación de felicidad. Ella fue la que indicaba a cada uno cuándo debía retornar a su cuerpo físico, pero todos coincidimos en que no nos apetecía en absoluto.

Fue una sensación similar a la que experimentan quienes han padecido muertes clínicas, y a pesar de tener marido, padres o hijos en la Tierra, no desean abandonar la dimensión en la que se encuentran mientras están muertos.

La Virgen se quedó junto al manantial y al árbol mientras nos alejábamos de ella con nuestro cuerpo energético de luz. Volvimos a entrar en el túnel de antes. Llegamos a nuestro cuerpo físico con una sensación infinita de paz y abrimos los ojos, después de estar al menos media hora recordando conscientes lo que habíamos vivido en el viaje astral. Luego escribimos en nuestra libreta todos los detalles de la experiencia y esperamos a que llegara la hora en la que debíamos encontrarnos para comprobar nuestro ejercicio.

Otro detalle sorprendente, fue el que todos desayunamos la misma fruta que comimos astralmente. El primer alimento del día que impetuosamente necesitábamos tomar, era precisamente la misma fruta que comimos con la Virgen, acompañada de un vaso con agua. Hasta tal punto se convirtió en una necesidad, que algunos compañeros como Tomás, Carmen y Antonio, tuvieron que ir a comprarla de mañana para satisfacerla.

El resto de la conversación fue fascinante pero personal, por eso, no creo oportuno darla a conocer en este libro.

XIII

Preparación al viaje astral mariano

El horario conveniente para realizar este trabajo es a partir de las 24 horas, debido a que hay menos ruidos que pueden perturbar nuestro esfuerzo. Entonces... siéntate o acuéstate cómodamente, asegurándote de que nada ni nadie pueda molestarte durante tu intento. Descuelga el teléfono, encierra a tus animales domésticos -si los tienes-, advierte a quien vive contigo lo que vas a hacer, desconecta la electricidad si es necesario para evitar que llamen al timbre de la puerta, etc.

Es preferible que la luz sea tenue y de color azul, un perfume de incienso de rosas favorecerá tu ejercicio, también es conveniente impregnarse de esencias con olor a rosas; la ropa que lleves puesta debe de ser cómoda, sin nada que te apriete o moleste. Los relojes y los anillos es mejor quitárselos.

Para realizar esta práctica, no es conveniente haber tomado alcohol, excitantes, carne o pescado, y tampoco haber dormido la siesta, por lo menos ese día. La actitud hacia el ejercicio será de una autoconfianza voluntariosa, y la ruta a seguir durante la proyección, habrá sido seleccionada cuidadosamente antes. En este caso será la misma que, tanto mis colaboradores como yo, hicimos cuando nos encontramos con la Virgen.

Junto a ti habrá una imagen mariana que resplandezca cuando esté conectada a la electricidad, una fruta y agua. Además, te acompañara un radio cassette reversible, con una cinta de música de la Ave María, grabada repetidamente, de modo que durante toda tu experiencia la música no deje de sonar. Al mismo tiempo, es conveniente que grabes la siguiente práctica con tu propia voz en un cassette para que dirijas tu ejercicio. En este caso tendrías dos cassettes conectados, aunque lo más aconsejable es que grabes tu voz con la música de fondo del Ave María en una misma cinta.

Como método preparativo, es conveniente verter un poco de agua en un vaso, y tapándose el orificio derecho de la nariz inspirar 7 veces con una paja colocada en el orificio izquierdo, hasta que el agua suba al orificio de la nariz, pero sin que entre ni una gota de agua en el orificio nasal, después se hará lo mismo en el lado derecho nasal. Acto seguido, se tomará un vaso de agua y se pondrá en marcha el cassette.

XIV

Inicio de la practica

Desde este momento, la imaginación será tu principal colaboradora. Comienza a respirar lenta y profundamente, tómate una de tus muñecas de forma cómoda, conectando con tu pulso... Localízalo , y cuando lo hayas conseguido, cuenta tus pulsaciones hasta cuatro... entonces, inspira por la nariz durante el tiempo que duran otras cuatro pulsaciones... reten el aire durante otras cuatro... expúlsalo también mientras pasan cuatro pulsaciones más... y reten el aire de nuevo durante otras cuatro pulsaciones más...

De esta forma... inspira la luz perteneciente a la figura de la Virgen... reten el aire en el interior de tus pulmones al mismo tiempo de que elaboras dentro de tí mismo un cuerpo de luz brillante y virginal... exteriorizándolo hacia fuera de ti con cada expiración que haces por la boca... Repite esta operación tantas veces como sean convenientes, para que conforme te acerques a una relajación más profunda, tu cuerpo de luz virginal vaya tomando una mayor consistencia.

Inspira... reten el aire..., expira... reten el aire... inspira... reten el aire... expira... reten el aire... inspira... reten el aire... expira... reten el aire... inspira... reten el aire... expira... reten el aire...

Cuando ya te veas pequeño... en medio de una gran masa luminosa que te envuelve protegiéndote... habrá llegado el momento de viajar astralmente...

Ahora ya sientes vibrar el interior de tu cuerpo... nota como tu yo interior desea desprenderse de su envoltura terrenal... para desplazarse más allá del tiempo y del espacio... junto con el cuerpo de la luz que has creado, con el fin de encontrarte con la Madre Divina...

Toda la energía de tu cuerpo físico se ha unificado... por eso, no es necesario que tu cuerpo astral salga del físico ni por los pies, ni por la cabeza, sino que se levantará como normalmente suele hacer con el físico... Ya comienza a elevarse... flotando... flotando... flotando... sobre tu cuerpo material... al que miras desde arriba... percatándote de su desenvolvimiento... suspendido en el aire... te observas a tí mismo... y percibes desde tus ojos astrales todo lo que te rodea... Ya estás fuera de tu cuerpo... sintiendo una plena sensación de libertad y autodominio... jamás experimentada por ti antes... ¡Disfruta unos momentos de este estado placentero!...

En este momento, eres consiente de que te encuentras fuera de los esquemas terrenales del tiempo y del espacio... Comienzas a observar algo muy extraño en tu consciencia... sabes que desde ese mismo lugar en el que te encuentras flotando sobre tu propia materia... puedes introducirte por uno de los agujeros negros o túneles... localizados entre los átomos de tu alrededor porque acabas de descubrir un gran universo paralelo al que hasta ahora conocías... No tienes la menor duda, de que al igual que esta paz de atravesar una pared por un espacio no superior a un milímetro puedes viajar a dimensiones desconocidas, por esos túneles universales que deseas explorar...

Te percatas, de que estás aceptando situaciones y acontecimientos considerados como extraños en la Tierra.. sin embargo, en este instante los consideras naturales... No tienes la menor duda, de que te encuentras totalmente despierto... despierto... despierto... aunque en otra dimensión, otra dimensión... otra dimensión... y de que tu liberación no es sólo física, sino también mental... mental... mental...

Ya desde el principio de la práctica, entiendes que el cuerpo físico, esclaviza la comprensión del alma y la consciencia... Así que vas a hacer todo lo posible para contactar con la Madre Divina, en tu correspondiente plano existencial, y aplicar todas tus experiencias al mundo físico cuando vuelvas a él.

Mira por última vez su materia, antes de introducirte por la boca de una especie de espiral... Tu te sientes completamente seguro... sabes que dominas perfectamente la situación... y además estas acompañado del cuerpo luminoso virginal que has creado... de modo que aunque al penetrar en el túnel lo veas obscuro, tu puedes ver a la perfección todos los seres espirituales que forman sus paredes... Tu atención es inmensa... la sabiduría de tu alma te habla... Por primera vez puedes escuchar claramente...

Sigues atravesando el túnel con entusiasmo y tranquilidad, el camino es largo... Al final del mismo, se vislumbra una luz blanca... que se introduce por la otra parte del mismo...

Tu continúas flotando... flotando... flotando... y avanzando en el camino hacia la Virgen... curiosea lo que ves a tu alrededor... Cada vez estás más cerca de la luz... ya deseas llegar... , y de repente, como si acabaras de nacer... te encuentras en medio de un paisaje tan maravilloso.. que nunca habrias podido imaginar su existencia.

Tu felicidad es indescriptible... Una gran paz inunda tu estado interior y ni siquiera deseas recordar las alteraciones emocionales que en el plano físico has sentido algunas veces... y que ahora sabes que han sido producto de tu ignorancia... porque la esencia de la vida es bella... y nada es motivo de un desequilibrio...

Allí, frente a ti, sólo a unos metros de distancia... hay una especie de nube en movimiento... de la que se está formando la figura de la Virgen... Ya se ha convertido en la Madre Santa... Ella comienza a hacerte señas para que te acerques... y tu acudes a su encuentro sintiendo una inmensa felicidad... Junto a la Madre hay un gran árbol, que parece querer alcanzar el cielo... y muy cerca un manantial de una agua santa... que brota entre piedras de color oro... No sabes si verdaderamente son de oro, pero ese detalle no te importa... , porque estás experimentando lo más valioso del universo... la paz y la felicidad... Tus deseos no tienen límites... así que vas a hablar con la Virgen...

Deseas preguntarle sobre la justicia y la injusticia... sobre la salud y la enfermedad... sobre la felicidad y el sufrimiento... sobre la riqueza y la pobreza... etc. (cada cual debe de preguntar lo que desee, y escuchar las aclaraciones marianas). (se guardan unos minutos de silencio feliz).

Durante tu encuentro con la Madre Divina, bebe del agua que ella te ofrece de sus manos santas... y toma la fruta del árbol que deseas... Sea lo que sea, allí está colgando de sus ramas. Y sigue , sigue escuchando las palabras de sabiduría divinas...

Ha llegado el momento de volver al cuerpo físico, en realidad no te pertenece en absoluto... , te encontrabas tan bien... Como despedida, la Virgen te da un abrazo cósmico que jamás olvidarás. Has conocido por fin la felicidad... , y sabes que no consiste en verse aliviado de un mal, sino en no estar sujeto a él...

Entras de nuevo en el túnel, acompañado de tu cuerpo luminoso... Al final del mismo ves una pequeña luz penetrando por el otro extremo... Sabes que cuando atravieses esa puerta... flotarás de nuevo sobre tu cuerpo físico... pero procurarás aplicar a la vida terrenal... todos los conocimientos que el contacto con la esencia virginal te han procurado...

En este instante... , atraviesas la puerta de la dimensión material... , y te encuentras ya flotando sobre tu cuerpo físico de nuevo... Observa lo que hay a tu alrededor... también a tu físico... tomando conciencia de que al introducirte en él, tienes que luchar por ser tan libre como has sido con la Virgen... Estás completamente seguro de saber reconocer la esencia feliz del mundo físico... y de poder emanar el amor que has conocido en el plano astral...

Poco a poco van fusionándose ambos cuerpos... y comienzas a pensar ya desde tu materia. El acoplamiento ha sido suave... pero los va a encajar mejor haciendo respiraciones profundas de nuevo... para conexionar perfectamente con tu cuerpo físico...

Te tomas el pulso con tu mano, y buscando contactar muy bien con tu físico inspira cuando hayas contado hasta cuatro pulsaciones, reten el aire durante cuatro pulsaciones más, expira también durante cuatro y reten el aire mientras se desarrollan otras cuatro pulsaciones.

De este mismo modo, has lo contrario que al principio del ejercicio, inspira... la luz perteneciente al cuerpo luminoso que habías creado, reten el aire en tus pulmones, al mismo tiempo que descompones el cuerpo que habías creado como compañero astral, enviando sus partículas con cada expiración hacia la figura de la Virgen, de donde habías absorbido la energía.

Inspira... reten el aire... expira... reten el aire... inspira... reten el aire... expira... reten el aire... inspira... reten el aire... repite esto, tantas veces como te sea posible, hasta que se haya deshecho.

Luego reten el aire cuatro segundos y ahora mueve ligeramente tus pies... piernas... cuerpo... manos... brazos... cuello... y cabeza... Tu ya estás preparado para abrir lentamente tus ojos... ábrelos muy despacio, y manténte en silencio e inmóvil durante unos minutos, recordando tu agradable viaje.

XV

Hipnosis regresiva, o un viaje al pasado: reencarnación en la época de Jesucristo

Elvira Rodríguez, acudió a mi consultorio cuando tenía 38 años, y desde los 29 años había estado sometida a tratamiento psiquiátrico.

Para conseguir dormir por las noches, se tomaba dos pastillas que le facilitaban la conciliación del sueño, pero cuando se despertaba por la mañana, Elvira se encontraba inmersa en un pozo sin salida aparente. Su verdadero problema seguía existiendo en su mente, y día tras día, mientras permanecía despierta, seguía obsesionada con las mismas ideas y pensamientos. Sus capacidades psíquicas estaban prácticamente anuladas. No era capaz de concentrarse ni de prestar atención a nada que fuera ajeno a su fluido de ideas aparentemente inconsecuentes.

Cuando esta mujer me conoció, simulaba una forzada serenidad, que inevitablemente dejaba entrever su gran desorientación y aturdimiento. Me comentó que a lo largo de su vida había visitado a varios psicólogos y psiquiatras, pero que el único resultado hasta el momento, era artificial, sosegando su sistema nervioso con tranquilizantes y combatiendo el insomnio con calmantes.

Elvira era morena, no muy alta, pues medía alrededor de 1 metro y 55 centímetros, pesaba unos kilos de más, aunque a ella no le importaba esto en absoluto. Con una apariencia y forma de vestir impecables, los colores vivos de sus vestidos chocaban, contrastando el color avellana de unos ojos tristes y apagados, que hacían juego con su corto cabello castaño y rizado.

Elvira decidió visitarme, a consecuencia de haberme escuchado en una conferencia que di en el Palacio de Congresos de Valencia. El tema de mi exposición era la reencarnación. En ella mostré, algunos casos de reencarnaciones de la India, investigados científicamente, y las predisposiciones o herencias genéticas que marcaban a los reencarnados, tanto en su aspecto psicológico, como físico. Mi ponencia precisamente, le incitó a pensar, que su estado podría derivarse de sus experiencias en otra vida, por lo cual, vino totalmente decidida a que le hiciera regresiones hipnóticas para comprobarlo.

Al sentarse frente a mi, en mi despacho, agarró los brazos de la silla en la que se encontraba con tensión y rigidez. Después, entre palabras llenas de connotaciones tímidas y angustiadas, comenzó a explicarme el motivo que la indujo a buscar mi ayuda.

"Durante toda mi vida, he buscado el amor verdadero sin lograr encontrarlo. Ya desde pequeña pensaba que mis padres realmente no me querían, siendo sólo su egoísmo, el que les obligaba a aguantarme. Siempre fueron muy fríos conmigo, se decantaban con una manifiesta preferencia hacia mi hermano, y éste a su vez, me ofendía con palabras y miradas obscenas, tratándome como si fuera una puta. A veces incluso, he temido que me violara, porque le aseguro que he visto en él, el reflejo de una fuerte atracción hacia mí, a pesar de ser hermanos. Cuando cumplí los 9 años de edad, me internaron como chica de servicio en la casa de una familia muy conocida de Valencia, mientras mi hermano se quedó a vivir con ellos hasta que se casó. Yo siempre he pensado, que esta decisión fue un medio para quitarse de encima la gran responsabilidad de cuidarme y alimentarme. No he vuelto jamás a vivir con los miembros de mi familia, a los que he visto algunas veces cuando los he visitado por iniciativa propia, y porque acudí a cuidarlos en los últimos momentos de su vida. Sin embargo, en realidad yo no he deseado nunca estar con ellos, encontrándome mejor fuera de mi casa, viviendo mi vida, un poco anárquicamente.

Impulsivamente buscaba el amor ideal en quienes me rodeaban, pero siempre me han defraudado tanto las amigas como los amigos, demostrándome que sus únicas pretensiones hacia mí eran interesadas y egocéntricas. Han habido varios hombres en mi vida, que me declararon su amor, y a los que en su momento, deseaba agarrarme para sentir por fin lo que era la felicidad, que desde muy pequeña anhelaba. Sin embargo, al igual que me sucedió con todas las demás personas me decepcionaron, e incluso me sentí utilizada cuando pretendían aprovecharse de mi cuerpo, haciéndome promesas que nunca cumplían. Pero yo, en todo momento, he evitado que se salieran con la suya, por eso continúo siendo virgen.

He sido una joven muy guapa y agraciada, mire... , en esta fotografía tenía 25 años, y todavía no había perdido la esperanza de conocer el amor. Cuando cumplí los 33 años, comencé a acudir a la Iglesia casi diariamente, ya que rezar y meditar sobre Dios, Jesucristo y la Virgen María, era lo único que me tranquilizaba, llenándome de inmensa paz. Pero... cuando volvía a mi trabajo y a mis relaciones cotidianas, seguía siendo la misma mujer triste, que solamente soñaba con el día de su muerte, para llegar a conocer el amor divino. Las ideas de suicidio me atormentaban desde entonces, y cuando pienso en la muerte me siento muy bien. Creo que morir es la única solución para encontrar la felicidad. No comprendo como no me he matado todavía, porque es muy difícil para mi, vencer esa necesidad imperante de hacerlo y acabar con mi vida.

Siempre he rechazado emotivamente el amor carnal, y cuando un hombre me mira con deseos sexuales, le encuentro sucio, endemoniado... No obstante, padezco insomnio y no puedo dormir ni por la noche ni por el día. Tengo una gran contradicción dentro de mí, puesto que al mismo tiempo, debido a que me gustaría tener por las noches a un hombre junto a mi haciéndome el amor en mi lecho; a veces he dado coba a más de un varón, que al intentarlo ha chocado con la piedra en que en esos momentos me convertía, con el fin de evitar las relaciones sexuales; y yo que era una chica tiernamente simpática, me transformaba de repente, en alguien arisca, violenta e insultante. Nunca podía relajarme suficientemente en la cama, para gozar de mi pareja y facilitar que el disfrutara de mi. A lo largo de estos años, he puesto todo mi empeño en conseguirlo, pero siempre he fracasado. Todas mis relaciones amorosas han terminado, supongo que por mi culpa, y yo he continuado buscando ese amor verdadero que no encuentro mas que pensando en Jesús o en la Virgen María.

Mis ojos están relucientes y "chisporreantes" de tanto que lloro en soledad. Hasta el presente, nadie ha conseguido ayudarme a vencer mi problema, y a pesar de que muchos psiquiatras me han enfrentado a un posible trauma infantil radicado en mis 9 años, cuando mis padres me ausentaron del hogar familiar, poniéndome a servir, yo sigo soñando con ese amor divino e inalcanzable.

Para mi, la vida carece de sentido si no lo encuentro. No quiero atarme a nadie, y al mismo tiempo necesito hacerlo. Deseo ser feliz en esta vida, pero tengo prisa en morirme, en algunas ocasiones pienso en suicidarme.

He cumplido 38 años y estoy sola en el mundo. Tal vez no debería haber nacido en ésta época. Temo a mi futuro, aunque sé que Dios no me abandonará nunca. Creo que me estoy volviendo loca. Los calmantes me siguen engañando el sistema nervioso haciéndome dormir, pero cada mañana al abrir los ojos, me enfrento a la obscuridad de un nuevo día, sin ver la luz del amor que busco para vivir de verdad.

Adela..., cuando en su conferencia sobre la reencarnación vi a aquellos hombres que sabían quienes fueron en otras vidas por las regresiones hipnóticas, y las comprobaciones científicas practicadas sobre ellos, comprendí que algo parecido podía sucederme a mi. Escuchándole, me inundó la seguridad interior, de que usted puede ayudarme. Tal vez mi problema no tenga sus raíces en mi infancia, sino en otra vida.

Tengo miedo a la hipnosis, ya lo ve, estoy muy nerviosa, pero le aseguro que haré todo lo que me diga para vencer mis temores. Quiero que usted me regrese al momento y lugar donde se originó esta herida mortal que me hace morir en vida. Y si todavía tengo futuro, necesito vivirlo como la mujer que soy, casándome y formando un hogar con un buen hombre. De modo que... me pongo en sus manos".

Como Elvira continuaba muy nerviosa, creé un ambiente amistoso entre ambas, para que su dedicación a mi trabajo fuera más confiada. Decidí enseñarle algunas técnicas respiratorias que le ayudaran a relajarse. Sin embargo, conseguirlo no fue fácil, ya que sus párpados cerrados, siguieron temblorosos durante bastante rato. La relajación técnica duró unos 20 minutos, y aunque sus párpados cesaron de vibrar, sus manos y dedos estaban tensos, y sujetos a los brazos del cómodo sillón en el que estaba recostada. Esta actitud inconsciente demostraba que serían imprescindibles varias sesiones, antes de conseguir el trance hipnótico con el que podría explorar los orígenes de las obsesiones de mi cliente. Como las defensas de sus miedos le impedían llegar al estado de hipnosis profunda que yo necesitaba, grabé especialmente para ella un cassette repleto de inducciones relajantes, con el fin de que realizara tres veces (al despertarse, al medio día y al acostarse) la práctica grabada con mi voz durante los 8 días previos a su siguiente cita conmigo.

Ella siguió al pie de la letra mis consejos, de hecho, en la siguiente entrevista, había bajado la dosis de somníferos, y hasta dormía algunas noches sin tomar pastillas, ya que se dormía escuchando la cinta cassette sin despertarse hasta la mañana.

Sin embargo, tampoco en esta sesión los resultados fueron lo suficientemente fructíferos para solucionar su problema, por lo tanto, informé a Elvira de que sus miedos internos, le impedían llegar al trance deseado, así que era conveniente que siguiera escuchando la cinta en su casa durante 8 días más, porque me respondió esta vez verbalmente, pero con un contenido de información excento de valor. Ella era comprensiva, no fantaseaba cuando acudió a mi, y estaba dispuesta a trabajar sobre sí misma, colaborando afanosamente conmigo. Sabía que el resultado anhelado lo conseguiríamos con el esfuerzo de las dos y no por un milagro sensacionalista o ilusorio.

Había transcurrido muchos años estando sumergida en un infierno psicológico-terrenal, por lo tanto, no le importaba en absoluto, pasar unas semanas más caminando por un sendero que le conducía por fin a la luz, en el reconocimiento del porqué de su existencia.

La tercera vez que Elvira me visitó, se hallaba muy predispuesta a conseguir una hipnosis exitosa. En ella, se había desarrollado una gran confianza sobre mí, mezclada con la necesidad de comunicar sus más recónditos secretos, incluidos aquellos que desconocía conscientemente. Inicié el ejercicio pausadamente, evidenciándose una posible subpersonalidad perteneciente a otra existencia anterior. Y con el objeto de que el lector interesado en las técnicas hipnóticas de regresión pueda practicar personalmente un sistema, para conseguir el mismo fin, detallo a continuación el guión del método práctico empleado con Elvira.

XVI

Guión de hipnosis regresiva

Centra todo tu interés en tu mente consciente. Observa tus pensamientos... y toma las riendas de ellos para dirigirlos a tus fosas nasales... Date cuenta de tus fosas nasales... Siéntelas y fusiona tu consciencia con el aire que inspiras y expiras por ellas recorriendo todo tu cuerpo...

Inspiración (tres segundos)... Retención (cuatro segundos)... Expiración (tres segundos)... Retención (cuatro segundos)...

Ahora dirige la relajación del aire a los músculos de tus párpados (tres segundos)... Percibe como toda la tensión se está dispersando... y a medida en que se esfuma por el aire que expiras como si fuera humo... tú te vas relajando más y más... Nota la paz y el sosiego de tus párpados (tres segundos)...

Relájate (tres segundos)... relájate (tres segundos)... relájate (tres segundos).

Ahora repara en tus ojos... deja que se relajen... Siente la calma y el reposo con los que cada inspiración los inunda (tres segundos)...

Relájate (tres segundos)... relájate (tres segundos)... relájate (tres segundos).

Hazte consciente de los músculos de la parte superior de tu cara y de tu frente. Traslada tu consciencia respiratoria hacia ellos, y relájate (tres segundos)... relájate (tres segundos)... relájate (tres segundos).

Desciende a tus mejillas... nota como la tensión se hace más sutil a medida en que desaparece con las expiraciones... relájate (tres segundos)... relájate (tres segundos)... relájate (tres segundos).

Ahora, percátate de los músculos que rodean tu boca y tus mandíbulas... siente cómo se relajan... cayendo muy flojos, muy flojos y relajados... nota el reposo que adquieren al desaparecer toda la tensión expirando... relájate (tres segundos)... relájate (tres segundos)... relájate (tres segundos).

Ya percibes muy bien el sosiego y la paz que tu consciencia aporta a cada una de las partes de tu cuerpo que visita... (tres segundos). Relájate (tres segundos)... relájate (tres segundos)... relájate (tres segundos).

Trasládala a los músculos del cráneo, a los músculos posteriores de tu cabeza y de tu cuello... transfiriéndoles una gran calma y sintiendo felicidad... relájate (tres segundos)... relájate (tres segundos)... relájate (tres segundos).

Sigue viajando en la nave de tu consciencia notando cómo tu cabeza está muy relajada... y pesa... pesa mucho... tanto que la apoyas en el respaldo, y parece perderse con el peso en la distancia y el tiempo... relájate (tres segundos)... relájate (tres segundos)... relájate (tres segundos).

Estás satisfecha al sentir la paz del aire que entra por tus fosas nasales... descendiendo por tu garganta hasta los pulmones... (tres segundos). Siente la majestuosidad divina que circula por tus pulmones mientras el aire entra y sale de ellos... (tres segundos).

Hazte consciente de cómo el flujo libre del aire aumenta el estado de relajación, sumergiéndote en una calma inmensa... (tres segundos).

Ahora respira profundamente... muy profundamente... sintiendo la relajación de tu caja torácica (tres segundos). Relájate (tres segundos)... relájate (tres segundos)... relájate (tres segundos).

A medida en que respiras lenta y profundamente, vas hundiéndote en un estado más intenso de paz y relajación... (tres segundos).

En este instante, notas la paz bajando a los músculos de tu abdomen. Hazte consciente con la respiración de la calma de éstos músculos... relájate (tres segundos)... relájate (tres segundos)... relájate (tres segundos).

Ahora percibes un ligero cosquilleo en los músculos que hay desde tu nuca hasta el final de tu columna... (tres segundos).

Respiras un gran reposo placentero extendiéndolo por todos los músculos de tu columna. Relájate (tres segundos)... relájate (tres segundos)... relájate (tres segundos).

La parte superior de tu cuerpo aumenta de peso conforme crece tu relajación... cada vez pesa más... pesa tanto que pierdes el concepto de esta parte... (tres segundos).

Ahora, hazte consciente de la respiración de tu hombro derecho... concentra todo tu interés en ese hombro... y siente cómo se relaja... relájate (tres segundos)... relájate (tres segundos)... relájate (tres segundos).

Experimenta cómo se relajan también los músculos de tu brazo derecho... antebrazo derecho... muñeca y mano derecha... disfruta de su relajación y del aumento de su peso... relájate (tres segundos)... relájate (tres segundos)... relájate (tres segundos).

Ahora respira profundamente, y relaja los músculos de tu pierna derecha... sintiendo cómo un gran sosiego se extiende por tu muslo derecho... bajando el mismo estado hasta tu rodilla y pantorrilla derecha... para salir por las puntas de los dedos de tu pie... disfruta de esta calma y relájate (tres segundos)... relájate (tres segundos)... relájate (tres segundos).

Percibe el ligero cosquilleo que corre por todo el lado derecho de tu cuerpo, desde la cabeza hasta la punta de tu pie... abandonándolo tan pesado y relajado en el sofá, que dejas de sentirlo... perdiendo el concepto de toda la parte derecha de tu cuerpo, que desaparece con el peso, en la distancia y en el tiempo... relájate (tres segundos)... relájate (tres segundos)... relájate (tres segundos).

Ahora, haz consciente la respiración en tu hombro izquierdo. Concentra toda la atención en ese hombro... y siente cómo se relaja... relájate (tres segundos)... relájate (tres segundos)... relájate (tres segundos).

Experimenta también, la relajación de los músculos de tu brazo izquierdo... antebrazo izquierdo... muñeca y mano izquierda... disfruta de su relajación y del aumento de peso... relájate (tres segundos)... relájate (tres segundos)... relájate (tres segundos).

Ahora, respira conscientemente la relajación profunda de los músculos de tu pierna izquierda... sintiendo cómo un gran sosiego se extiende por tu muslo izquierdo... bajando el mismo estado hasta tu rodilla y pantorrilla izquierda... y para salir por las puntas de los dedos de tu pie. Ahora relájate. Disfruta su calma... y relájate (tres segundos)... relájate (tres segundos)... relájate (tres segundos).

Percibe el ligero cosquilleo que recorre todo el lado izquierdo de tu cuerpo, desde tu cabeza hasta la punta de tu pie, abandonándolo tan pesado y relajado en el sofá, que dejas de sentirlo... perdiendo el concepto de toda la parte izquierda de tu cuerpo, que desaparece con el peso, en la distancia y en el tiempo... relájate (tres segundos)... relájate (tres segundos)... relájate (tres segundos).

Dentro de un momento, voy a contar hasta tres, y en cada uno de los números que escuches, buscarás instantes importantes en tu vida, regresando hacia tu infancia progresivamente, y acercándote con el número tres casi a tu época de recién nacida.

1.- Ahora estás volviendo hacia tu pasado... viviendo detalladamente esos sucesos.

2.- Sigues retrocediendo... A cada segundo que pasa... olvidas lo anterior y experimentas otras etapas de tu vida distintas...

3.- Ya eres una recién nacida. Observas con atención todo a tu alrededor... las cosas que te rodean... y a los seres queridos que cuidan de ti, mirándote orgullosos y alegres de tu presencia...

Ahora, contaré del 10 al cero, y a cada número que diga, vas a seguir mis inducciones, sintiéndote más y más relajada. Cuando llegue al número cero, estarás preparada para ordenar a tu mente subconsciente que te aporte la información de la vida que se relacione más con tus metas de superación personal, y con tu existencia actual... (tres segundos).

Cada número que oigas, te sentirás más y más relajada... más cómoda... muy segura y protegida en el gran viaje del tiempo y del espacio que vas a hacer... (tres segundos).

Diez.- Eres una recién nacida... una recién nacida... una recién nacida... Con un cuerpo pequeño y gracioso... que apenas puedes mover voluntariamente. Miras a tu alrededor, pero casi no puedes ver... Sin embargo, sabes que junto a ti, está el ángel protector de tu madre... Siente cómo unas manos grandes te toman... lavan y cuidan de ti. Ahora comienzas a percibir como si la fuerza de una aspiradora te atrajera hacia algún sitio.

Nueve.- Esta potencia sobrenatural, te introduce por un túnel obscuro, alumbrada sólo por una luz blanca al final del mismo... Es el útero de tu madre, del que sientes contracciones... y cómo éstas te empujan hacia un lugar donde vas a estar muy cómoda. Tienes la completa seguridad de estar guiada y conducida por energías superiores que te ayudan a traspasar este camino hacia la luz... Ya estás bien instalada... y aunque te sientes un poco apretada... y el espacio es reducido, te encuentras muy relajada... flotando en un líquido placentero... Mides unos 35 centímetros... y pesas unos tres kilos... Tu aspecto sigue siendo el de una niña normal... Todos tus rasgos corporales están perfectamente formados... y estás situada cabeza abajo... pero ahora girarás tu cuerpo y te colocarás en una posición invertida a la que estabas... ¡ya lo has conseguido!

Ocho.- Cada vez te sientes más ancha y mejor en el lugar donde habitas. Ahora faltan ocho meses para llegar a la luz... Tu piel es casi lisa, aunque con tendencia a arrugarse... y tu cuerpo es muy redondeado... Deseas llegar a la luz de la sabiduría, pero aún faltan ocho meses para conseguirlo... Mides aproximadamente 29 centímetros... pesas más de 2 kilos... y continúas flotando... flotando en un estado de felicidad inmenso...

Siete.- Ahora faltan siete meses para llegar a la luz... Mides alrededor de 26 centímetros... y pesas más de un kilo... Tus párpados comienzan a cerrarse... y tu piel está más arrugada y cubierta por una especie de sustancia jabonosa blanca que impide que se empape de agua... Mientras tanto, sigues haciéndote más pequeña... flotando continua y placenteramente en el líquido que te sostiene...

Seis.- Actualmente, mides unos 25 centímetros.. y pesas aproximadamente 600 gramos... Te mueves mucho. Quieres ejercitar tus brazos y piernas agitándolos... También chupas, te tambaleas y haces movimientos de respiración a menudo... Al mismo tiempo, te sientes muy tranquila... feliz... y cada vez más ancha...

Cinco.- Sólo faltan cinco meses para llegar a la luz... En este instante, mides más de 20 centímetros... y tu peso es de unos trescientos gramos... Cada vez te encuentras más y más libre... flotando felizmente en ese líquido placentero, el líquido amniótico...

Cuatro.- Notas cómo tu cuerpo va cambiando... haciéndose más pequeño y libre... Mides unos 16 centímetros... Tus ojos son muy grandes... y tus párpados están cerrados... Sólo faltan cuatro meses para llegar a la luz de sabiduría universal... tu única y principal meta...

Tres.- Ahora mides once centímetros desde la cabeza a las nalgas... y pesas unos 20 gramos... Tu cabeza está muy desproporcionada con respecto al cuerpo... pero todavía puedes ver el sexo al que perteneces... y el escaso pelo que te queda. Sólo faltan tres meses para llegar a la luz de la verdad... Mientras tanto, estás experimentando una inmensa felicidad...

Dos.- Mides aproximadamente 2 centímetros y medio... y pesas unos dos gramos... Todavía eres un feto... Tu cuerpo aún conserva su forma y los miembros. Puedes ver los dedos de las manos... de los pies... los orificios de las orejas... la nariz y la boca... Sólo faltan dos meses para llegar a la luz de la verdad...

Uno.- Ahora ya no eres un feto, sino un embrión. Tienes cerebro y corazón, pero tu cuerpo es muy extraño y pequeño... Es muy difícil distinguir la cabeza del tronco, en el que casi ya no se hacen visibles las extremidades... Mides menos de medio centímetro... y tu cuerpo casi no lo percibes, pero eres muy feliz. Sólo falta un mes para llegar a la luz de la verdad...:

Cero.- En este instante estás más viva que nunca, vagando en un espacio y tiempo desconocidos para ti... Eres infinitamente pequeña, pero a la vez, te sientes más grande que nunca. Frente a ti, hay una gran biblioteca donde se encuentra inscrita la historia de todas tus existencias, mírala... Cada libro es la información completa y detallada de cada una de tus vidas... Cero... cero... cero... ¡Ordena a tu mente subconsciente, que elija correctamente el libro correspondiente a la vida cuya información va a beneficiarte, para conseguir la superación de tu carga anímica en la vida actual! Cero... elige... cero... elige... cero... elige...

¡Vas a continuar usando el poder de tu mente y de tu imaginación! Tomas uno de los libros... y a la vez que lo tomas en tus manos y escuchas el ruido de una palmada... te encontrarás de inmediato en una existencia anterior, que tiene relación directa e importante con tu vida actual (Suena el ruido de una fuerte palmada).

Ya estás viendo una de las escenas como si fueras el protagonista de un película... controla tus pensamientos y concéntrate en ella... Sabes que te encuentras en una vida pasada porque te reconoces... y aunque estás profundamente relajada... eres totalmente consciente de los detalles del escenario... de tus pensamientos y emociones... de quién eres... y con quién estás... de lo que haces y piensas... de tus alegrías y tristezas... de tus proyectos, ilusiones y fracasos... etc...

Eres consciente de toda sensación y emoción, pero es COMPLETAMENTE IMPOSIBLE que las padezcas físicamente... porque no pueden repercutirte de forma negativa, ni física, ni psicológicamente. De modo que nada de lo que veas, oigas o experimentes, podrá hacerte daño, ni tampoco sufrir...

Ahora vas a anular tus capacidades críticas y expresarás, cuando yo te lo ordene, cualquier cosa que llegue a tu mente. Libérate... y déjate llevar por la fluidez de tu vivencia interior... Sabes que a pesar de estar muy relajada, manifestarás en palabras, cuando yo te lo indique, cualquier sentimiento, pensamiento o escena que fluya por tu mente...

No temas, más tarde conseguirás recordar clara y objetivamente todas tus vivencias si lo deseas, pero ahora no te preocupes por eso, deja sencillamente que ocurran... teniendo la completa seguridad de que ninguna emoción, sentimiento o pensamiento puedan dañarte... Tú eres libre de admitir o no cada experiencia, entrando y saliendo de ella por tu propia voluntad.

Sigue escuchando mi voz con atención... con mucha atención... porque cuando yo diga la palabra RELÁJATE, cualquier sensación negativa desaparecerá de tu mente, y respirarás apaciblemente, quedándote muy tranquila y feliz, a la vez que continuarás dejándote dirigir por las instrucciones de mi voz... Ten la total seguridad, de que recordarás todo cuando vuelvas a tu estado normal... de forma que estos recuerdos, serán una gran ventaja para tu vida actual.

XVII

Sinopsis de la regresión

Cuando le ordené que su mente subconsciente trabajara, y que la inconsciente eligiera la vida pasada más relevante e interesante para la actual, rápidamente cayó en un profundo trance, dejándose regir hacia el pasado lejano en el tiempo y en el espacio, donde se encontraba el fundamento de su problema presente. Como es normal en estos casos, la expresión de su cara junto al tono de su voz, cambiaron considerablemente, y debo admitir que me llevé una gran sorpresa, al cerciorarme de la época a la que se había sumergido por medio de la hipnosis, puesto que este hecho, podía complementar mis investigaciones de los encuentros con la Virgen. El trabajo con Elvira me estaba verificando, que también mediante la hipnosis, las personas se podían encontrar con la Virgen, aunque fuera como en este caso, viajando al pasado de otra vida, donde se conocieron y vivieron prácticamente juntas.

Elvira comenzó a llorar desconsoladamente...

Adela Amado.- ¿Porqué lloras?

Elvira.- El rey Herodes ha ordenado decapitar a Santiago. Ya ha muerto el primer Apóstol por mi primer y único amor, Jesús. Agrada a muchos judíos que están en contra.

Adela Amado.- No llores más, tranquilízate y cuéntame. Relájate, nada puede afectarte ni psíquica ni emocionalmente. ¿Hay alguien contigo?

Elvira.- (Sonrió tiernamente y respondió) Si, María, la Madre de Jesús, me acompaña.

Adela Amado.- ¿De que están hablando?

Elvira.- María me comenta algunas de las cosas que Santiago sabía antes de que sucedieran. Él acudió poco tiempo antes de que le cortaran la cabeza a despedirse de Juan y de María. Sabía que su tiempo en esta vida se aproximaba a su fin. Santiago era un visionario, igual que María.

Adela Amado.- ¿Dónde estás ahora?

Elvira.- En Nazaret, en casa de María.

Adela Amado.- ¿Cuál es tu nombre?

Elvira.- Me llamo Rosa. Bueno en realidad María Rosa.

Adela Amado.- ¿Quién es tu familia?

Elvira.- No tengo más familia que Jesús, él es en realidad mi esposo, pero como está junto a Dios, he abandonado a los que en principio eran mis parientes carnales para vivir con María, su Madre y ahora también la mía. Una esposa devota a su marido, debe acompañar a la Madre de éste, sobre todo si es su viuda, además... ella me lo ha permitido, ¡Dios!, ¡Cuánto amor siento por María! ¡A través de ella veo a Jesús, mi esposo! Es María, quien aceptó por fin apodarme María Rosa, uniendo nuestros dos nombres en uno, como si la Madre y esposa de Jesús se fundieran juntas. Ya antes, Juan me regaló un pequeño pergamino con el nombre de María, y una rosa blanca dibujada abajo. Desde entonces, decidí llamarme María Rosa.

Adela Amado.- ¿Porqué has abandonado a tu familia carnal?

Elvira.- Por amor... se abandona todo lo material. Humildemente deseo ser fiel a mi amor primero y único, que es Jesús, estando siempre con su Madre, hasta el momento de nuestra muerte. Deseo vivir y morir con ella, con la bendita de entre todas las mujeres.

Adela Amado.- ¿Has tenido o piensas mantener relaciones sexuales con algún hombre?

Elvira.- (Respondió con manifestaciones de ofensa). Yo pertenezco al cortejo real de Cristo. Nunca entregaré mi cuerpo a ningún hombre, ni permitiré que lo ensucie con los más bajos instintos animales. Mi esposo Jesús, es puramente amor divino, y por eso es el único rey de las vírgenes. Yo lo seguiré siempre, y jamás necesitaré nada de este mundo, porque él me alimenta con el maná de la felicidad.

Adela Amado.- ¿Acaso temes o te averguenza disfrutar del sexo?

Elvira.- (El ritmo de su respiración se aceleró, y entre manifestaciones de ofensa y nerviosismo dijo). ¡Yo soy una esposa de Jesús, virgen y pura! Mi única vergüenza, sería perder los derechos de este destino tan oportuno.

Adela Amado.- Ahora voy a contar hasta tres, y cuando llegue al número tres, buscarás en lo profundo de tu mente cualquier deseo o acción sexual que hayas experimentado en el pasado o en el futuro de María Rosa. Uno... dos... tres...

Elvira.- (Agitada, temblorosa y con movimientos agitados) ¡Dios! ¡Suéltame! ¡Me estás haciendo daño! ¡No me toques esas partes!

Adela Amado.- (Le tomé una mano, y puse la otra sobre su frente). Respira profundamente. Yo estoy contigo. Respóndeme tranquila y calmada... ¿Con quién estás? ¿Qué te están haciendo?

Elvira.- Es mi padre, ha bebido mucho y quiere explicarme cómo se hacen los niños violándome. ¡Me está forzando! ¡Que asco! ¡Con su pene tocas mis genitales! ¡No quiero que lo haga! Estoy gritando con todas mis fuerzas... ¡No..! ¡Déjame! ¡Déjame!

Adela Amado.- ¿Ha conseguido penetrarte?

Elvira.- No, mi madre ha oído y viene hacia acá, llamándome por mi nombre. Yo he conseguido escapar, lanzándome a los brazos de mi madre. Ella cree que mi padre me ha pegado, y como sé que realmente lo haría si le dijera lo que ha pasado, le sigo la corriente, haciéndole creer que ha sido así...

Adela Amado.- ¿Cuántos años tienes?

Elvira.- Tengo nueve años.

Adela Amado.- ¿Ha vuelto intentar violarte tu padre?

Elvira.- (Abrió los ojos de par en par con una mirada perdida, dirigida al techo, y yo se los cerré de nuevo). No, no puedo recordar nada más de esto. No quiero volver a ver a mi padre.

Adela Amado.- Estás muy tranquila y relajada... Sé que puedes y debes hacerlo. Dime, ¿cómo son las relaciones con tu padre?

Elvira.- No quiero verlo. Le tengo mucho miedo. Mi madre también esta intimidada por él y desconoce lo que me hizo. Rehuyo el estar a solas con él. Sueño con el día en que me despose y me marche de mi casa. Mi vida es un infierno, hasta para dormir atranco la puerta de mi habitación. ¡Quiero irme de mi casa!

Adela Amado.- Entonces... en esta época ¿si deseas casarte?

Elvira.- Sí, así podré irme con alguien que de verdad me quiera.

Adela Amado.- ¿Has encontrado algún chico que te guste lo suficiente como para hacerlo?

Elvira.- Hay un chico que se llama Juan y que me gusta... él me mira mucho, creo que yo también le gusto a él.

Adela Amado.- ¿Se han enamorado los dos?

Elvira.- (Empieza a sollozar de nuevo). Ha intentado mancharme. Aquí, si las mujeres son adúlteras, se les denuncia y son apedreadas, Juan no me quiere. ¿Qué hubiera pasado conmigo si Nazaret se entera de que me he acostado con él? ¿Y si quedo embarazada? Todos los hombres son iguales... sólo desean mi cuerpo, Juan, ni siquiera se hubiera casado conmigo.

Adela Amado.- ¿Ya no quieres casarte?

Elvira.- (Cambió la expresión angustiada de su cara, por otra risueña y sonriendo dijo). Por fin he encontrado el amor verdadero y mi familia real. Estoy entusiasmada por entregarme, en cuerpo y alma, al amor puro de Jesús, así que viviré con María, su Madre.

Adela Amado.- ¿Tus padres te lo permiten?

Elvira.- A ellos no les importó, no han puesto ninguna objeción, y María ha accedido. Las personas con las que ahora me relaciono son tan buenas... por fin soy feliz, guardando mi virginidad para Jesús. Él es mi único y verdadero amor, y María el alivio de los afligidos.

Adela Amado.- ¿pero... no deseas tener hijos, niños que hayan nacido en tu vientre?

Elvira.- Si, por supuesto. Pero como mi esposo es el Mesías, el hijo de Dios, y no un hombre como los demás, yo no puedo mantener relaciones carnales sexuales. Jesús me eligió virgen, y si he de tener hijos, lo haré sin perder la virginidad, tal como le sucedió a María, que sigue siendo la Virgen bendita entre todas las mujeres.

Estoy segura de que no es la voluntad de Dios que conozca lascivamente a ningún varón.

Adela Amado.- Tú vives con María. ¿Hablas sobre su vida personal? ¿Ella te cuenta secretos de su vida con José?

Elvira.- Sí, José era un santo. Respetó a María hasta que el ángel Gabriel les dijo que deberían tener relaciones sexuales, para que ahora nacieran otros hijos de la tierra, pero de un cuerpo fecundado primero por Dios.

Adela Amado.- Entonces... ¿María tuvo más hijos?

Elvira.- Sí, claro. Además... ella, a todos los que deseábamos también ser hijos suyos, nos amaba como tales. pero yo estoy convencida de que los preferidos éramos Juan y yo.

Adela Amado.- ¿Te refieres al mismo Juan, del que has hablado antes?

Elvira.- No, en absoluto. Ahora hablo de la antítesis del anterior. Juan es santo.

Adela Amado.- ¿Porqué crees que prefería también a Juan?

Elvira.- Juan estaba muy unido a María, era como mi hermano. De hecho, Jesús poco antes de morir en la cruz, le dijo a María refiriéndose a él: "Mujer, ahí tienes a tu hijo. Ahí tienes a tu Madre". Mi amado ya los unió como madre e hijo, indicándoles que deberían estar juntos.

Adela Amado.- ¿Cuántos años tienes ahora?

Elvira.- Tengo 17 años.

Adela Amado.- ¿Quienes se relacionan contigo y con María?

Elvira.- Juan... Santiago... no, no lo recuerdo bien.

Adela Amado.- Cuando cuente hasta tres, recordarás varios nombres, uno... ya empiezan a acudir a tu memoria, dos... ya los recuerdas, tres... dímelos... puedes hablar.

Elvira.- Sí, también conozco a Asael, Pedro, Marcos, Bernabé, Pablo, Lucas, no sé... Yo me veo guisando a menudo para ellos, y comiendo a la sombra del sicomoro en un huerto. ¡Uff... que tranquilidad!

Adela Amado.- ¿Tú conociste a Jesús con su cuerpo físico humano?

Elvira.- Sí, fue mi primer y único amor. Muchos de sus seguidores han visto su alma pero yo no, aunque me queda el consuelo de verlo a través de María. No obstante, tengo la sensación de que mi vida es un destierro.

Adela Amado.- ¿Qué piensas de la muerte? ¿Dónde crees que estará ahora Santiago?

Elvira.- Santiago ya está con mi amado, viviendo por fin. Es el primer afortunado que ha llegado a él. Yo sé que la muerte es la liberación del desconocimiento del amor. Deseo tanto morirme para estar junto a Cristo. Mi cuerpo es joven, pero mi alma muy vieja, y la única meta que tengo es morir tan pronto como sea posible. (Y con un énfasis particular dijo) ¡No seguiré viviendo aquí si María muere!

Adela Amado.- ¿Siempre has vivido en Nazaret?

Elvira.- No, cuando Juan se fue a Efeso, a hacerse responsable de esa Iglesia, María decidió irse también para allá, y yo me marché con ella.

Adela Amado.- ¿Tienes miedo de irte a un lugar desconocido?

Elvira.- En absoluto. Sólo temería a vivir sin María. Con ella soy feliz, porque estoy con Cristo. (De repente Elvira comenzó a rezar emocionada) Santa María, madre de Dios, ruega por nosotros los pecadores, ahora y en la hora de nuestra muerte. Amén Jesús.

Adela Amado.- ¿Porqué rezas Rosa?

Elvira.- María y yo estamos en una carreta, porque nos vamos de Jerusalén. Estoy tan emocionada... ésas son las palabras de una gran multitud de cristianos peregrinos, que han venido a despedirse de María, repitiendo esta oración una y otra vez, en voz alta y al unísono. ¡Cuánto amor Dios mío, vibra toda esa gente, que lloran ante la pérdida de la madre de Jesús!

Adela Amado.- ¿Y ustedes que les están diciendo?

Elvira.- María, emocionada, les grita secándose las lágrimas que caen por sus mejillas. "Hijos míos, pronto volveremos a vernos en el cielo. Háganse en mí según su palabra". Yo no puedo hablar, solamente escucho las palabras de María, tengo un enorme nudo en la garganta que me impide decir algo. El fervor apasionado de los cristianos me ha excitado mucho.

Adela Amado.- Cuando cuente tres, vas a avanzar en el tiempo, hasta que llegues a algún hecho que tú consideres importante, uno... dos... tres...

Elvira.- Lucas ha pintado en un lienzo el rostro de María, junto al ruiseñor con el que ella hablaba continuamente. Su cara... refleja la cara de Jesús ¡qué pureza más bella!

Adela Amado.- ¿Porque es tan importante ese hecho?

Elvira.- Porque ésa es la auténtica imagen de María, y de ella se derivarán todas las demás caras pintadas o esculpidas en las figuras, que con los siglos perderán autenticidad, y el amor que emanaba por unos ojos, que eran idénticos a los de Cristo, su hijo y mi esposo.

Estaba claro que la personalidad de Rosa, encontraba muy importantes cosas que a menudo se relacionaban con María. Así que a pesar de mi gran interés por la vida humana de la Virgen, yo debía centrar más mi investigación sobre la vida de Rosa, para hallar la causa de los problemas actuales de Elvira. Y debido a que Elvira deseaba a menudo suicidarse, indagué buscando la causa de esa tendencia.

Adela Amado.- Vas a avanzar en el tiempo hasta el momento de tu muerte... ¿Cuándo y cómo ha muerto Rosa?

Elvira.- Tal como dije siempre, morí con María. Fue el momento más feliz de mi vida.

Adela Amado.- ¿Y cómo fue el tránsito?

Elvira.- María está muy feliz ese día, y ya cerca de la casa donde vivimos, María ha visto y ha hablado con su difunto esposo José, que según ella ha venido a esperarla para llevársela junto a Cristo. Mamá, así es como yo la llamo, nos ha dicho a Juan y a mí, que ese día cenaríamos juntos por última vez, y también ha comentado que Jesús está junto a ella, esperando que cierre los ojos con la última expiración para que sus almas se vayan juntas al Paraíso Celestial. Cuando la hemos ayudado a acostarse, nos ha asegurado que se encuentra en los brazos de su hijo, mi esposo. Yo no puedo soportar que María muera, y tampoco que ella esté ya con mi marido mientras yo me quedo sola, sin ninguno de los dos. Todo parece indicar que su vida se apaga como si fuera una vela. Así que propongo que celebremos la Eucaristía en nuestra última cena, ya que mi amado instituyó este sagrado acto precisamente en la Última Cena...

Adela Amado.- Sigue hablando... ¿después qué sucedió?

Elvira.- No recuerdo nada más, pero soy muy feliz, al mismo tiempo que tengo unas ganas inmensas de llorar, y me duele la cabeza.

Volví a ponerle la mano en la cabeza, ordenándoles que cuando acabara de rezar el Padre Nuestro, lo recordaría todo perfectamente. Ella lo oró llorando a lágrima viva, y cuando terminó...

Elvira.- *Padre nuestro, que estás en los cielos, santificado sea tu nombre, venga a nosotros tu Reino, hágase tu voluntad, así en la tierra como en el cielo. El Pan nuestro de cada día dánoslo hoy, perdona nuestras ofensas, como nosotros también perdonamos a los que nos ofenden, y no nos dejes caer en tentación y líbranos del mal. Amén.* Por favor mamá no llores. María está llorando porque cree que se aleja de mí por un tiempo, hasta que yo muera. Está agonizando dulcemente, pero le inunda la tristeza de dejarme. Le quedan escasos momentos de vida, y yo también lloro, pero de emoción, porque no puedo decirles lo que voy a hacer, ni a Juan que está realizando el Sacramento, ni a María... Se me ha quedado la mente en blanco. No recuerdo nada más.

Adela Amado.- ¿Porqué guardas silencio? Lo recuerdas todo perfectamente. Al oír el número tres, seguirás hablando... uno... dos... tres...

Elvira.- Juan dice: "Éste es el Sacramento de nuestra fe" y las dos a la vez respondemos: "Anunciamos tu muerte, proclamamos tu resurrección. ¡Ven, Señor Jesús!". Nuestras palabras tienen una fuerza sobrenatural, realmente ambas suplicamos que venga a hacerse cargo de nosotras. María porque le espera al estar casi ya muerta, y yo... porque... junto a la comunión que me ha dado Juan, he tomado veneno a escondidas de ellos. Así que yo también le he suplicado a mi amado, con toda la fuerza de mi ser: ¡Ven Señor Jesús! Sé que no he sufrido en absoluto, y que poco a poco me he quedado dormida en los brazos de María, que ya ha expirado dulcemente. ¡Cuánto amo a María y a Jesús!

Adela Amado.- Escúchame con atención, con mucha atención. Al oír el número tres, te verás fuera de tu cuerpo físico después de fallecer, y me explicarás que es lo que sucede. Uno... dos... tres...

Elvira.- He salido de mi cuerpo muy lentamente, y lo miro desde arriba. Estoy flotando en un espacio desconocido, ¡que bonita imagen estoy viendo!... Mi cuerpo físico está junto al de María, la tengo abrazada como si fuera una niña. Pero.. ¿qué pasa? ¿dónde están María y Jesús? Aquí no los veo, y siento una corriente que me aspira hacia alguna parte que desconozco. ¡Estoy sola! Tengo mucho miedo. Todo empieza a estar muy obscuro. Hay alguien que me guía, pero no sé quien es. ¡María, María, Jesús, esposo mío! ¿donde estás? (grita desesperadamente).

Adela Amado.- Tranquilízate. Relájate. Estás conmigo, no puede ocurrirte nada. Todo ha sucedido en el pasado, solamente estás recordándolo. Continúa...

Elvira.- Arrastrada por esa corriente, he llegado a un lugar con mucha luz. Allí están Jesús y María. ¡Dios que susto me he dado! Al no verlos, pensé que los había perdido para siempre. Me he fundido con ellos en un abrazo. ¡Cuánto amor siento, qué felicidad más inmensa! Ahora escucho las palabras de María: Hija mía has hecho mal en separarte de tu cuerpo voluntariamente. Todavía no era tu momento. No podrás acompañarnos. Tienes que volver a la Tierra a terminar tu obra, que es también la nuestra... (sollozos y lágrimas).

Adela Amado.- Respira profundamente y relájate... ¿Porqué lloras?

Elvira.- Hay mucha gente que llega allí, y todos saludan a Jesús y María. Es un lugar lleno de personas, donde cada uno toma su camino para ir a su destino. Hay muchos caminos diferentes y varios ángeles que ayudan a las personas para que vayan por el sendero que les corresponde. Mi esposo y mi mamá me han puesto sus manos santas sobre mi cabeza, indicándome el camino.

Aunque no movemos los labios, nos comunicamos como nunca lo hicimos en la Tierra. Me han sosegado mucho, entregándome la comprensión de los errores que hice, sobre todo el suicidio. ¡Qué cobarde he sido! No tenía derecho a cortar los años de vida que me quedaban en el cuerpo físico de Rosa. A causa de mi decisión, he atrasado la evolución espiritual de muchas personas (llorando). He sido egoísta y medrosa, pero he tenido mucha suerte al comprenderlo cuando me he encontrado con Jesús y María en esta dimensión, porque gracias a ello, he evitado el sufrimiento brutal pero merecido, que los suicidas experimentan inevitablemente después de su muerte. Ahora me dirijo hacia el lugar que me indican, llevándome la seguridad de que nunca estaré sola, a pesar de nuestra separación. Para unirme a ellos, aún tengo que vivir de nuevo en la Tierra, cumpliendo correctamente mi misión. ¡Qué pocas palabras y que inmensa es su información amorosa..! (silencio).

Adela Amado.- ¿Qué haces en este momento?

Elvira.- He entrado en una especie de túnel, y camino con millones de seres sin mirar atrás, tal y como ellos me aconsejaron. No quiero volver a defraudarlos, ni a ellos, ni a mi.

Adela Amado.- Ahora tu comprensión mental es ilimitada, y entiendes perfectamente cómo han influido las circunstancias de la vida de Rosa, en la de Elvira, Cuando despiertes en el cuerpo de Elvira, vas a recordar todo lo que has experimentado en este viaje al pasado. ¿me oyes bien? ¡Recordarás todo lo que me has dicho..!

Elvira.- Sí, seré consciente de los detalles de mi vida como Rosa, la esposa de Jesús e hija de María.

Adela Amado.- Has descubierto el motivo por el que tu personalidad de Elvira busca un amor tan completo, que sólo puede existir dentro de ti y en la perfección de Dios. Tú eres una de las pocas personas que pudieron conocer directamente a la Virgen María. Y su pureza junto al amor sacrificado de Jesús, te han marcado mucho en la reencarnación como Elvira. A partir de ahora explorarás en tu interior hasta que halles la perfección de Dios en ti, éste es el verdadero amor. Y en vez de exigirlo en los demás, te lo reclamarás tu misma ayudando a los demás a que también descubran en ellos lo que emanas tú. Serás totalmente feliz, porque te habrás encontrado a ti misma. ¿Tienes alguna duda sobre esto?

Elvira.- No, mis recuerdos me servirán en el sueño de mi vida.

Adela Amado.- A partir de este instante, puedes relacionar la personalidad de Rosa con la de Elvira, ya que sabes que las dos, eres tú misma. Contéstame a esta pregunta: ¿Has reconocido en la vida de Elvira a algunas de las personas que estuvieron contigo cuando eras Rosa?

Elvira.- Sí, el hermano de Elvira es el padre de Rosa, mi padre, y la madre de Elvira sigue siendo mi misma madre carnal.

Adela Amado.- ¿Comprendes ahora porqué tu hermano se comportó así contigo, verdad? Como su idiosincrasia es la misma que la de tu padre cuando eras Rosa, y te veía de la misma forma. Tu madre sigue siendo aquella mujer débil, que prefirió ausentarte de casa antes que tener problemas familiares. Además, las mismas circunstancias se repiten en escenarios distintos, y por medios diferentes. Tu misma fuerza inconsciente, movilizó la voluntad de tus padres para que te enviaran a servir. En realidad, tu subconsciente reconoció al padre y madre de Rosa, en el hermano y madre de Elvira, de modo que tú, sin saberlo conscientemente, querías buscar fuera ese amor que tienes dentro de ti. El abandono de tus padres hacia ti, era el reflejo materializado de tu propio deseo de huida. Si no hubiera sido así, quizás nunca te hubieras ido de tu casa, y los conflictos sexuales con tu hermano, se hubiesen desarrollado amargándote la vida, y terminando en violación o violaciones que tu padre anterior (el de Rosa) no logró consumar. De modo que cuando despiertes, estarás tranquila y adaptada al respecto, puesto que sabrás que lo sucedido fue lo mejor. ¿Deseas acabar de verdad con estos sentimientos de que has sido traicionada o defraudada por toda la gente que has conocido, superando la huella de tus fracasos sentimentales?

Elvira.- Sí, sí, claro que sí. Es lo único que me impulsó a venir.

Adela Amado.- Entonces, hazte consciente de la vida de aquella chica (Rosa) que fuiste tú... En ese momento comprendes perfectamente el porqué de todo... Tus acontecimientos han sido como un rompecabezas cuyas piezas ya están ordenadas y encajadas en su sitio. Tu has pretendido vivir como Rosa en el cuerpo de Elvira, buscando a María y a Jesús en los demás, y olvidándote de ti misma. Tanto Jesús como María murieron físicamente, en otro tiempo y en otro lugar, ahora forman parte de la historia y del simbolismo religioso. ¿Lo entiendes?

Elvira.- Sí. También entiendo porqué siempre he visto a los hombres egoístas, y nunca me he entregado a ninguno, conservando hasta hoy mi virginidad, sin saber cuál era el origen de esta actitud, que me dañaba tanto psicológicamente, repercutiendo en mis relaciones sociales y profesionales.

Adela Amado.- Ahora que sabes la causa de tus problemas, ¿qué actitud vas a adoptar con respecto al sexo?

Elvira.- Conozco a un hombre desde hace tres años que me atrae física y psicológicamente. Él ha aguantado durante todo este tiempo mis desprecios y hasta mis insultos. (Sonriendo) Le he dicho muchas veces que era igual que los animales en celo. ¡Pobre Ramón! Tantas veces que me ha declarado su amor... y hasta sus intenciones de casarse conmigo; pero... yo no admitía el sexo...

Adela Amado.- ¡Ya sabes porqué eras así! No eras capaz de distinguir entre el amor terrenal y el espiritual.

Elvira.- ¡Qué ciega he estado! Los dos amores pueden compaginarse a la vez. Incluso, su relación es estrecha y perfecta. Me casaré con Ramón y seguiré acudiendo a la Iglesia, bueno, cambiaré de Iglesia, iré a la Basílica de la Virgen de los Desamparados. Será un honor para mi humilde persona, mirar la figura de la Virgen, vislumbrando que yo la acompañé cuando estábamos vivas, y que conocí personalmente a Jesucristo, dedicándole mi vida entera. Tengo la certeza de que si la Virgen está en el cielo, me amparará guiándome para que encuentre siempre mi camino. Estoy segura de que por eso acudí a aquel congreso, donde la conocí a usted.

Adela Amado.- A los 33 años reviviste más de cerca la muerte de Jesús inconscientemente. Él también murió a los 33 años. Por eso, es a esta edad cuando tú te refugiaste en la Iglesia para hallar la paz que buscabas. Rosa sólo se encontraba feliz al consagrar su vida entera a Jesús ya fallecido en la cruz a los 33 años, ¿lo entiendes? Como Elvira, empezabas de nuevo a consagrar tu vida a Jesús, acudiendo tan a menudo a la Iglesia.

Elvira.- Sí, sí. Lo veo todo tan claro... Es como si viera la salida del Sol por primera vez en mi vida.

Adela Amado.- Cuando cuente hasta cinco, sentirás un inmenso amor hacia tu reencarnación actual como Elvira, y desarrollarás una gran responsabilidad hacia tu cuerpo, cuidando de él para mantenerlo sano y en las mejores condiciones posibles durante todos los años de vida que la naturaleza te regale. Porque vivir dentro de un cuerpo físico, es un regalo que Dios te ha dado, para que superando los errores cometidos en otras existencias, puedas llegar a él venturosa y con una nota sobresaliente en tus exámenes terrenales. Tus ideas de suicidio han sido la continuidad de la necesidad de morir de Rosa y de su acto suicida. ¿Eres consciente de eso, verdad?

Elvira.- Sí, el caso es que María me repetía una y otra vez: María Rosa, hija de mi corazón, estás demasiado apegada a mí. En esta vida no es bueno que te agarres excesivamente a ninguna cosa, ni tampoco a ninguna persona, porque las leyes del reino de Dios son perfectas, y se encargan de arrebatarnos hasta los seres más queridos. Deberás de luchar contigo misma para comprender que sólo amando de verdad, con el amor divino, se vive feliz y sin temor, porque Dios es inmortal. Obsérvame a mí, mira como quiero a José, y sin embargo, él ya no está físicamente conmigo, porque nos une el amor que nunca muere. ¡Qué egoísta fui con Rosa!, ¿Verdad Adela?

Adela Amado.- Sí, no comprendiste el mensaje de María, Quizás ella comprendiera tu predisposición a suicidarte cuando muriera, e intentaba evitarlo haciéndote consciente de ello. Ahora... cuando oigas el número tres, sabrás exactamente porqué has nacido como Elvira en esta vida, uno... dos... tres...

Elvira.- Sí, era necesario que volviera a nacer, porque fracasé en el examen de aquella existencia. Mi meta era seguir los pasos de María, casarme y tener un hijo, que sería la reencarnación de alguien, que apoyaría la ideología de Jesús, convirtiéndose también en un líder espiritual. La virginidad debía mantenerla en mi alma, no en mi cuerpo. Fui cobarde al temer enfrentarme a la vida sola, sin María. No tuve la fe suficiente en Dios para afrontar mi futuro, aprendiendo de todas las experiencias que me esperaban. Es ahora cuando he de continuar lo que dejé sin terminar. Estoy convencida de que todavía no es tarde.

Adela Amado.- Quiero transmitirte lo valiente que eres, y halagar la responsabilidad con que has trabajado para encontrarte a ti misma. Obsérvate y aprecia cómo amas cada instante de la vida de Elvira, cómo valoras cada uno de los latidos de tu corazón, cada día que amanece, cada anochecer, el valor de un parpadeo, y la belleza profunda de todo lo que hay a tu alrededor, ya sean personas, animales o cosas... ¡Cuánta hermosura abandonaste entonces!, ¡de cuánta lindeza has de disfrutar ahora!

Elvira.- ¡Dios, que bonita es la vida!, ¡estoy jubilosa, porque he aprendido a vivir!, ¡soy tan feliz que voy a servir como manantial, para que todos mis conocidos lleguen a ser tan felices como yo!

Adela Amado.- Ahora ya estás preparada para ser tú y despertar de tu estado. Te encuentras muy bien, muy tranquila y muy relajada... Esa calidad de felicidad la conservarás cuando abras los ojos y realices todas las actividades de tu vida. Todo lo que has vivido, lo mantendrás como un recuerdo consciente, y éstos datos te explicarán el porqué de muchos sucesos, ayudándote a superar fácilmente cualquier obstáculo o evento que tenga relación con ellos. Quiero que vuelvas a ser solamente Elvira, pero conservando en tu memoria toda la documentación de tu vida como Rosa. Ahora, voy a contar del cero al diez, y con cada número vivirás las inducciones hipnóticas que yo te ordeno.

Cero.- Te encuentras en el todo y en la nada. Tienes una comprensión absoluta que te hace consciente de la vida Universal, llena de maravillas... Pero... deseas volver a nacer... en el planeta Tierra, con el cuerpo físico de Elvira para terminar tu misión, ayudándote a ti y a la humanidad.

Uno.- Ya estás dentro de tu madre física... Tienes un mes... mides medio centímetro... eres consciente de tu cerebro y corazón, pero tu cuerpo es muy extraño, porque tu espalda crece muy rápido, siendo muy difícil diferenciar la cabeza del cráneo, en el que todavía no se observan bien las extremidades... Sólo faltan nueve meses para renacer positivamente...

Dos.- Mides unos dos centímetros y medio... Tu peso es de dos gramos... Ya has pasado de ser un embrión a un feto... porque tu cuerpo está formado y hasta tienes extremidades en las que comienzan a verse los dedos de las manos y los pies... las orejas... la nariz... y la boca. Faltan escasamente ocho meses para renacer como Elvira.

Tres.- Actualmente mides 11 centímetros desde la cabeza hasta las nalgas y pesas unos veinte gramos... Tu cabeza está muy desproporcionada con respecto al cuerpo... pero todavía puedes ver el sexo al que perteneces y los escasos pelos que tienes... Estás feliz y contenta porque sólo te faltan siete meses para nacer en el cuerpo físico de Elvira, y cumplir tus propósitos.

Cuatro.- Notas cómo tu cuerpo va cambiando, haciéndose más grande y mejor formado... Ya mides unos 16 centímetros... Tus ojos y tus párpados están cerrados... Sólo faltan seis meses para ver la luz del mundo material, cuando el parto de tu madre te mande al exterior de ella... ¡Qué feliz te sientes cuando piensas en este momento!

Cinco.- Sólo faltan cinco meses para volver a nacer, y ser un cuerpo independiente de tu madre física... En este instante mides más de 20 centímetros... y pesas unos 300 gramos. Cada vez te sientes más y más feliz... flotando... flotando placenteramente en el líquido amniótico donde ahora vives...

Seis.- Ahora mides unos 25 centímetros... y pesas aproximadamente 600 gramos... Te mueves a menudo, haciendo mucha gimnasia al ejercitar tus brazos y piernas, agitándolos agradablemente. También chupas... cambias de posición... y realizas movimientos de respiración... Al mismo tiempo, te sientes muy tranquila y feliz... porque conforme pasa el tiempo, ves tu cuerpo más formado... más bonito... y más parecido al de los humanos. Sólo faltan cuatro meses para tu nacimiento independiente en la luz de la Tierra...

Siete.- Observas tu longitud de 26 centímetros.. y tu peso es de más de 1 kilo... Tus párpados comienzan a abrirse... y a tu piel, que está arrugada, la cubre una especie de sustancia jabonosa blanca... con el objeto de impedir que se empape de agua. Mientras tanto, sigues creciendo... y flotando placenteramente en el líquido que te sostiene... Ya sólo faltan tres meses para ver la luz que hay al final del túnel que atravesarás al nacer.

Ocho.- Cada vez te sientes más estrecha en el lugar donde habitas ahora... Observas atentamente cómo tu piel es casi lisa, aunque tiene tendencia a arrugarse... y cómo tu cuerpo se hace cada vez más arrugado... Deseas llegar a la luz de la sabiduría... Mides aproximadamente 29 centímetros y pesas más de dos kilos... Sólo te faltan dos meses para llegar a la luz del pensamiento independiente... y poder superarte en el planeta Tierra... Mientras tanto, continuas flotando en el líquido que te sostiene... sintiendo sensaciones agradables...

Nueve.- Ya te encuentras muy estrecha y apretada aquí... Tu aspecto es el de un niña humana normal... Todos tus rasgos corporales están perfectamente formados, y comienzas a situarte boca abajo, adaptando una posición invertida a la que tenías... Mides unos 35 centímetros y pesas unos tres kilos. Sientes una fuerza sobrenatural que te introduce por un túnel obscuro... alumbrado por una luz blanca al final del mismo... Es el útero de tu madre, del que sientes sus contracciones y cómo éstas te empujan hacia afuera de ella, donde vas a estar más cómoda... Tienes la completa seguridad de estar guiada por fuerzas superiores que te ayudan a traspasar el camino hacia la luz... Experimenta cómo atraviesas el túnel para nacer... nota la felicidad que inunda tu ser...

Diez.- ¡Enhorabuena! Eres una recién nacida... Ya estás en el exterior de tu madre física... Tu cuerpo es pequeño y gracioso, pero apenas puedes moverlo voluntariamente... aunque tú ahora no lo sabes, todos te esperaban con alegría y con amor... ¡Enhorabuena!, ¡has nacido!... aunque apenas puedes ver, sabes que no estás sola, el ángel protector de tu madre te protegerá en tu nueva vida, no comprendes nada, pero tienes la sensación de que algo grande ha sucedido... es el milagro de la vida... Aunque lloras, sientes una gran alegría... notas como unas manos grandes te toman, te lavan y cuidan de ti... Eres de nuevo Elvira... recién nacida... y con un cuerpo sano y perfecto... ¿Te ves recién nacida?

Elvira.- Sí, ¡que bonita soy!, y ¡cuántas ganas tengo de vivir, tal y como ahora sé que tengo que vivir!

Adela Amado.- Muy bien. Voy a contar del uno hasta el tres y con cada uno de los números, irás avanzando de edad, experimentando épocas de tu vida en las que se han desarrollado acontecimientos especiales para ti.

Uno.- Avanzas en el tiempo haciéndote más mayor.

Dos.- Sigues avanzando y acercándote a tu edad actual de 38 años.

Tres.- Ya estás aquí y ahora. Te mantendrás unos minutos en silencio, meditando lo feliz que te sientes al conocerte a ti misma, recordando quién has sido y quién eres. ¡Felicidades Elvira! Te has esforzado mucho y has sido muy osada al lado obscuro y desconocido de tu vida. Medita... disfruta de la alegría dichosa que has traído...

Al cabo de un rato tuve que darle unas sugestiones hipnóticas a Elvira para que se le pasara un ligero mareo. Esto no era nada extraño, ya que había estado muy lejos, viviendo lejos, hechos acaecidos. Luego nos miramos cara a cara sonriéndonos. Era gracioso, las dos habíamos estado juntas en la época de Jesucristo, yo desde el presente y ella desde el pasado. Ambas notamos que la experiencia nos unía con un secreto compartido.

Como yo quería asegurarme del resultado positivo del trabajo, le pedí a Elvira que durante una semana, apuntara en una libreta una lista con todas las cosas o detalles que la vida de Rosa, le había marcado en ésta. Cuando volvió a visitarme, su cara estaba sonriente y toda ella parecía un volcán de felicidad, a punto de explotar para darme noticias positivas. Su vida estaba ordenada, y al inventario que trajo no se le podía pedir más. Había encontrado la clave para dirigir su vida correctamente. No obstante, le sugerí que debería de visitarme de vez en cuando, conforme pasara el tiempo, para asegurarnos de la completa efectividad de la regresión. "¡Siempre me tendrá vigilada! (me dijo alegremente), porque si me acepta, deseo formar parte de ese equipo de investigación para contactar con la Virgen".

Debido a la época en que viajó durante su regresión hipnótica, le hablé de mi trabajo al respecto. Su decisión me complació enormemente, ya que me ilusionaba incorporar al equipo a una mujer que había convivido con la Virgen María cuando estaba viva. Como la vida de María me interesaba especialmente, busqué información sobre ella, con el objeto de comprobar los datos que la personalidad de Rosa me transmitió, y... todas las notas que encontré, coincidían con la información que obtuve en la regresión hipnótica. Por otra parte, se sabe que en 1943, un grupo de alemanes visitaron la casa de la Virgen en las montañas de Efeso (Turquía). La casita está situada en la llamada Cumbre del Ruiseñor, que actualmente se le llama "Panaya Kapulu", o lo que es lo mismo "Capilla de la Paniagua-Santísima". Los científicos declararon que la vivienda se remonta al siglo I después de Cristo, que sobre ella se erigió una capilla en el siglo IV, que la actual, se hizo en el siglo VII. Pues bien, parece ser que los alemanes descubrieron bajo el suelo un subterráneo donde había una losa sobre la que estaba escrito: "Aquí descansa María Rosa, la pequeña Panaya". Y cuando levantaron la piedra, hallaron lo que parecía un ataúd y un esqueleto humano. En el mismo lecho encontraron pergaminos antiguos escritos en griego, en los que San Juan narró muchos datos de la vida de María, y según tengo entendido, éstos pergaminos se encuentran en la actualidad en el Monasterio de Osera sabiamente guardados.

En la actualidad, Elvira trabaja con mi equipo para contactar con la Virgen, y los resultados de su esfuerzo para demostrar que esto puede conseguirse, son efectivos y un reflejo de su gran dedicación vocacional.

XVIII

Mensajes marianos: el futuro de la humanidad

La mayor parte de la gente que me conoce personalmente, sabe que además de investigadora soy paragnosta, es decir psíquica; y es precisamente esta doble faceta profesional mía, la que me hace comprender objetivamente tanto al investigador científico, como al psíquico que experimenta determinados sucesos llamados paranormales, y que a menudo sólo son acontecimientos normales de su mente, extraordinarios exclusivamente por su falta de divulgación e información al respecto.

Cuando comprobé de forma segura que mis colaboradores eran capaces de seguir investigando sin depender de mi, decidí abandonar la sinapsis de mis neuronas mentales, dirigiéndolas hacia los mensajes que nuestra pequeña Virgen me despertara en la mente. Para mí, no era difícil adivinar ciertos hechos futuros mediante técnicas de videncia, pero lo que en ésos momentos quería corroborar, es que la metodología de contacto mariano creada por mí años atrás, podía conseguir los comunicados de precognición a través de una imagen de la Virgen. También deseaba ser yo, la que en esta ocasión transmitiera las predicciones recibidas a través del mismo ejercicio que a menudo observan mis colaboradores, para así controlar el experimento. Así que estando todos de acuerdo en tomar la directriz de nuestros deseos mentales, comenzamos a internarnos en un cielo repleto de azul bondadoso, conexionando con nuestra bella Virgen María, que para mí significaba el todo y la nada, ya que en mi consciencia dicha divinidad es la integración de partículas puras informativas, con una documentación exclusiva del pasado, presente y futuro que puede transmitirse por el sistema nervioso, llegando a comunicar las respuestas a las preguntas de un interés generado, que ha utilizado las expresiones necesarias particulares para conseguir que la fe personal movilice con su autogestión a éstos minúsculos cuerpos documentados, y aquellos que realizan este arduo trabajo interior, logren obtener la información que desean. Era el 15 de agosto de 1989, y conmigo se encontraban todos los compañeros que en ese momento colaboraban en el ejercicio. Antes, había visto varias veces a la figura mariana que creamos imaginariamente, y recuerdo que la primera vez que la observé, quedé impresionada por su aspecto infantil, delicado y a la vez extraño, ya que rompía los esquemas convencionales de la tradicional imagen mariana. Mis ayudantes de entonces estremecían su barbilla mientras miraban ansiosos y aturdidos, al comprobar como una imagen computarizada en nuestra mente, estaba siendo vista por casi todos los allí presentes, que además, después de concentrarse algunos minutos en su respiración personal, eran capaces de hablar con ella como si se tratara de la amiga más íntima.

En esta ocasión, algunos de mis compañeros ya no eran los mismos, pero al igual que los primeros, aprendieron a respirar, a relajarse y a visualizar proyectando sus pensamientos hacia el exterior, con el fin de que el método de contacto mariano remitiera resultados positivos para la mayoría de nosotros.

Nuestro estudio y esfuerzo, estaba ahora dirigido a recibir mensajes entregados directamente por la Virgen, con la que ya éramos capaces de contactar fácilmente. Tuvimos varios avisos, encargos y recomendaciones personales que omito por ser privadas para quienes participábamos en el experimento, puesto que supongo, también son menos interesantes para el lector. Por lo tanto, voy a limitar este capítulo a describir los comunicados referidos al futuro de la humanidad o nuestro planeta, ya que de alguna manera nos ha hecho embajadores para transmitirlo a quienes deseen conocerlo.

En el momento de obtener la información, nos encontrábamos todos en semitrance, cegados por la brillante luz que nuestra Virgen emanaba. mezclada con una comprensión infinita que explicaba el porqué del hombre, el cómo y el dónde de un destino elegido por él mismo.

Cuando terminó nuestro contacto, comenzamos sin hablarnos de nosotros, a escribir lo que habíamos recibido, resultando que, salvo lo que nos afectaba personalmente, cuando expusimos nuestra experiencia, la mayoría coincidimos en el contenido de los mensajes, utilizando incluso las mismas palabras. De los 12 que éramos, ocho logramos comunicarnos, mientras que los otros 4, se limitaron a colaborar con todo el ahínco de los buenos investigadores.

Nuestro asombro fue inconmensurable cuando uno tras otro, leía en voz alta lo mismo que los demás, y teniendo presente que al plasmar en el papel nuestro resultado particular del contacto, nos mantuvimos en silencio sin decir a nadie absolutamente ni una sola palabra; nos causó una enorme impresión el que coincidiéramos en los mismos contenidos de los legados. Había sido una experiencia tan especialmente conmovedora y emocionantemente tan bella, que dejó una grandiosa huella en mi mente, hasta el punto de preguntarme si los famosos profetas como Nostradamus, San Malaquías o

el Papa Juan XXIII por ejemplo, (a los que respeto enormemente, ya que eran según mi opinión, sabios con una
capacidad mental y espiritual superior a la ciencia de su
siglo) podrían quizás tener contactos inconscientes con
arquetipos espirituales elevados, como puede ser el de
la Virgen, permitiéndoles así, captar una gran visión del
futuro, describiendo acontecimientos venideros con una
anticipación de varios siglos. Y aunque cada uno utilizaba medios tan diferentes, como la astrología o la videncia, tal vez éstos fueran solamente el punto de apoyo
consciente necesario para contactar inconscientemente
con la divinidad sabia de una información cósmica virginal.

Personalmente no creo en las casualidades, puesto
que la propia vida me ha demostrado de forma continuada que causa y efecto es ley y acción-reacción justicia, tanto para lo que me gusta como para lo
desagradable. Y aunque voy a transmitir el porvenir que
nos espera, según el resultado de nuestro contacto
mariano, no puedo pasar por alto los acontecimientos
sucedidos desde que realizamos aquella sesión hace algunos años, concretamente en 1989.

Como hechos futuros todavía para entonces, debo
destacar que la Virgen nos anunció cosas que en ese momento no podíamos ni imaginarnos, pero que lamentablemente en unos casos y afortunadamente en otros, ya
han acaecido; lo cual me hace tener todavía más respeto hacia las predicciones que nos afectan para el futuro
actual. Siendo estos aciertos, precisamente, lo que apoya objetivamente aquella comprensión inexplicable e infinita que no me permite dudar ni un momento del
desarrollo llegadero de los presagios todavía no cumpli-
dos.

Como ejemplo de las profecías ya realizadas, descri-
bo a continuación solamente algunas de las recibidas. ¡Así
es como nos habló la Virgen, y lo que sucedió después!:

PROFECÍA:

"La naturaleza protesta utilizando sus elementos. El Levante de España quedará dañado por inmensas tormentas. Vosotros os encontráis ahora, en unos de los puntos claves que estarán más afectados. En este otoño, el agua perjudicará mucho a la agricultura y a los medios de transporte. La tensión también afecta a la naturaleza del planeta, que a veces está obligado a descargar su crisis reprimida, mediante revelaciones energéticas. Sois vosotros los seres humanos, los culpables de estos reproches, ya que con vuestras energías desequilibradas y experimentos dolorosos para la armonía planetaria, descompensáis la perfección del mundo, viéndose éste obligado a defenderse, para poder continuar permitiéndoos que lo ocupéis. Y debido a que mis hijos los humanos, seguís comportándoos siempre de igual manera, la misma condena se repetirá una y otra vez en distintas partes del mundo".

Efectivamente, otoño fue una época en la que la Comunidad Valenciana sufrió intensas lluvias e inundaciones que perjudicaron a la agricultura y a los cítricos. Varias carreteras quedaron cortadas, y sólo los daños de la ciudad donde nosotros vivimos (Valencia), ascendieron a más de 600 millones de pesetas.

PROFECÍA:

"Estados Unidos invadirá a algunos países próximamente. A dichas naciones las utilizará como bases de experimentos de sus altas tecnologías. Las computadoras camufladas con pintura, poderosos explosivos, armamentos secretos y astutas habilidades psicológicas, serán las piezas claves en el ejército americano, que luchará en escenarios reales y con armas verdaderas. Este año terminará (1989) enseñándoos en el escenario de la vida, la película que repetidamente se proyectará en decorados distintos. El canal, en diciembre proporcionará la escenografía, donde miles de soldados lucharán a vida y muerte. Desplegados en batalla, morirán combatientes de ambas partes, pero sólo el más poderosos económicamente vencerá, tras haber aprendido de su experiencia. Después y con un gran tacto psicológico, intentará convencer a sus propios hermanos vencidos, de su bondad y benevolencia".

Concretamente el 21 de diciembre de 1989, más de 22,000 soldados americanos, se desplegaron al frente de la batalla campal en el Canal de Panamá. Estados Unidos venció rotundamente al General Noriega, que terminó derrotado, restableciéndose la democracia y preservándose los intereses norteamericanos. La nación a la cual se refería el mensaje era Panamá, puesto que todo ocurrió de acuerdo a lo proclamado, en el lugar que denominó la Virgen como "el Canal". Tanto la fecha, el lugar o los acontecimientos, sucedieron exactamente, tal y como lo recibimos en el mensaje.

PROFECÍA:

"Hijos míos, cuántas cosas podríais evitar, si prestárais atención a los acontecimientos de cada fin de año. Todas las despedidas anuales están llenas de lágrimas. Sus sollozos intentan mostrar, cuál ha sido la consecuencia de los actos humanos durante cada año, que se despide llamando la atención sobre vuestros errores, y a la vez intenta avisaros del peligro cíclico, que se cierne sobre vosotros a todos los niveles.

Poco a poco, la naturaleza propia del planeta que os acoge, va quedando más y más contaminada, provocando la muerte de innumerables seres inocentes, como son los peces que habitan en el mar, los pájaros que vuelan en el aire, o los animales que caminan por los montes. En diciembre (1989), las catástrofes económicas y ecológicas, también clamarán justicia al cielo. En esta ocasión estarán representadas en el litoral Atlántico, que se tornará en gran parte negro, debido a las miles de toneladas de crudo derramadas en él. Las manchas negras se extenderán, anulando la vida de todo lo que alcancen. ¡Kilómetros y kilómetros convertidos en una fosa mortal! Irán y España parecerán unirse inconscientemente en este intento, y Marruecos necesitará ayuda extranjera para superar esta hecatombe, que le afectará directamente".

Efectivamente, el 19 de diciembre de 1989, comenzaron a derramarse varias toneladas de crudo ante la urbe marroquí de Sasi. El petrolero iraní Khark 5, se incendió con un cargamento de 284,000 toneladas de crudo, viéndose su tripulación obligada a abandonarlo; y por otra parte, el petrolero español Aragón, cargado con 230,000 toneladas de crudo, vertió 25,000 toneladas ante las costas de Madeira el día 30 de diciembre del mismo año. De modo que una vez más, la profecía de nuestro contacto volvía a cumplirse, quedando (tal y como lo dijo la Virgen) la zona del Atlántico, comprendida entre la costa marroquí, las Islas Canarias y la isla de Madeira, inundada por dos mareas negras procedentes de dos petroleros, uno iraní y el otro español.

PROFECÍA:

"Tampoco prestáis atención a lo que cada año nuevo os dice. ¡Cuántos accidentes por tierra, mar y aire, os anuncian la peligrosidad de vuestro tecnicismo! ¡Cuántos choques entre medios de locomoción, son simplemente el espejo de los enfrentamientos psicológicos entre vosotros mismos! Cada fallecido en accidente, es la representación de los muertos que estáis en vida, cuando reaccionáis hostilmente hacia un hermano, tanto en pensamiento, palabra o hecho. Y todos los heridos a causa de estos percances, sufren en su propia carne, las heridas de un alma que también está accidentada, por las actitudes erróneas de su conductor, o lo que es lo mismo, de la voluntad del hombre. Las víctimas de los accidentes de trenes, aviones, barcos, coches, motocicletas... etc., son quienes sufren estos percances, ya sean conductores o pasajeros. Cada una de éstas personas, ocupará en el vehículo desventurado, la misma posición que tiene en su vida. En el caso de los conductores, porque la conducen mal, arrastrando a otros, también por caminos equivocados, y el de los pasajeros porque viven erróneamente dejándose llevar por otros, sin atreverse a coger las riendas de su propio destino. En cada accidente las víctimas ocupan el lugar que les corresponde de acuerdo a su proceder en la vida.

Sin embargo, como no sois capaces de comprender por vosotros mismos, lo que ahora os estoy comunicando, es necesario que sucedan catástrofes destacadas por su magnitud, puesto que sólo entonces, los humanos llegáis a preguntaros porqué.

Estos desafortunados hechos se repetirán en todos los países, y los primeros días de 1990, se inaugurarán con un gran impacto de trenes, donde morirán y quedarán heridos cientos de hermanos. No lloréis por la ,condolencia de Pakistán sino por la vuestra, y aprende a mirar con los ojos del espíritu, no de la materia. Para las leyes Universales no hay distinción entre países, razas, lugares o religiones. Por eso siempre ocurre lo mismo pero en distintos lugares, siendo cada hecho, el reflejo de aquello que sucede en vuestro interior".

El día 5 de enero de 1990, dos trenes chocaron en Sukhuri, al sur de Pakistán. En la fuerte colisión, murieron unas 220 personas, y quedaron heridas más de 700. La predicción quedó cumplida, y todos nosotros vimos en aquel accidente, el reflejo de la forma de conducir la vida de muchos seres humanos. A partir de entonces, en cada accidente del que hemos tenido noticias, asimilamos una lección expresada en forma de materia.

PROFECÍA:

"Este año (1990) también comenzará, con un claro ejemplo de la lucha interior de mis hijos, que se proyectará en la guerra, dentro de un país de África rico en petróleo. Los intereses de los manifestantes serán políticos, y aunque la revuelta no tendrá más trascendencia que el número de muertos o heridos, intenta anunciar a las numerosas guerras, que individualmente sucederán a lo largo de la siguiente década, basadas en las mismas conveniencias. Éstas son las acciones bélicas, predecesoras de otras colectivas y mayormente macabras. Algo parecido sucede con los humanos. Cada uno os olvidáis de vosotros, y de vuestra unión reflactaria con el conjunto de la humanidad. La guerra generalizada presta a pasar hacia finales de siglo, y la de después, son la reverberación de vuestras acciones. Hijos míos, ayudaos a vivir en comunidad humilde mental y en caridad de pensamientos, porque ellos originan después vuestras palabras y obras"

El día 7 de enero de 1990, hubo un intento de golpe de estado en Siberia. Los rebeldes mataron a más de 200 personas, con la intención de derrocar al presidente Samuel Dov. El lugar y los hechos correspondían, con los datos que la Virgen nos dio en el contacto. Siberia es un país de África rico en petróleo. El motivo del intento fue político, y hubieron más de 200 muertos aparte de los numerosos heridos. Ahora, yo comprendo la verdad causal de cada guerra, y profundizo en la esencia de todo, huyendo de la apariencia de su resultado colectivo.

PROFECÍA:

"Los hijos del maléfico siguen trabajando para ganar adeptos, nombrando a Dios en la mayoría de las ocasiones. Otros, jugando con la divinidad se convierten al diablo entre risas y actos vandálicos, pero no faltarán tampoco, quienes le adorarán públicamente entre los suyos. Las sectas satánicas se esparcirán por todo el mundo, y España se convertirá en una de las naciones donde más abundarán. Sin embargo no es necesario pertenecer a uno de éstos grupos, para estar apoyando su energía destructiva. Prestad atención a las señales divulgadoras, del aumento de hijos míos convertidos a la destrucción diabólica del maléfico, que entre juegos y como niños rebeldes, intentarán llevarse consigo, no sólo a los vivos sino también a los muertos. Para ello elegirán a los cementerios como centro privilegiado de reuniones, donde entre carcajadas y diversiones, pretenderán utilizar para su provecho, la energía de los difuntos atados a sus cuerpos, y las partículas desprendidas por la corrupción de la carne. Los rastros de los renegados, serán dejar las cruces invertidas en las tumbas con las que han trabajado, junto con restos de fuego y signos dibujados. La cruz que es el símbolo del sacrificio, que mi hijo Jesucristo hizo para vuestra salvación, se ultrajará y se pondrá al revés, invocando desventuras para el mundo. La década comienza, y con ella las manifestaciones de la rebeldía en mis hijos. Cada fin y comienzo de año, son las épocas preferidas para revelarse, porque en ellas es cuando más se venera a Jesucristo. Próximamente sucederá de nuevo, y podréis comprobar, cómo España se transformará en un lugar de los más favoritos para su expansión. Otros países como Estados Unidos, Inglaterra o

Francia, ya han sido prácticamente conquistados por ellos. Más yo sigo esperándo a todo el mundo, con los brazos abiertos y llenos de amor, para abrazaros junto al retorno de mis hijos pródigos. Prestad atención a vuestros pensamientos en todo momento, porque la maldad empieza por ellos, para que os aniquiléis primero a vosotros mismos, y después a quienes os rodean"

El 17 de diciembre de 1990, se encontraron varias cruces invertidas en el cementerio municipal de Huelva, concretamente fueron 59; y el 16 de enero de 1990, volvió a repetirse el acto en el mismo camposanto del municipio. Tal y como recibimos la predicción, el hecho sucedió en España a finales de 1989 y principios de 1990.

PROFECÍA:

"El crack económico se repetirá una y otra vez. Los descensos en los mercados de valores internacionales reincidiran ya continuamente, y después de cada recuperación, retornará la cruda realidad, desenmascaradora de un sueño. Muy pronto los acontecimientos que vivirán los países del este de Europa y la U.R.S.S., provocarán fuertes caídas en la bolsa. Después será Estados Unidos quien las ocasionará, siguiéndole el resto del mundo".

El 16 de enero de 1990, la bolsa de Tokio experimentó una fuerte caída, y los expertos aseguraron que existía un gran nerviosismo en los mercados bursátiles, debido a los sucesos ocurridos en la U.R.S.S. y el resto de los países situados al este de Europa.

PROFECÍA:

"El fanatismo de las religiones creadas por el hombre, provocará altercados y muertes. La humanidad desea ver a Dios en edificios y estatuas de piedra, olvidándose de que no necesita trasladarse a ningún sitio, porque Dios está en el interior. Los elegidos y más partidarios de los lugares (no realmente del verdadero o único Dios) llamados por ellos Santos, morirán acudiendo a ellos, como representación del fallecimiento evidente, que se produce al buscar fuera lo que se tiene dentro.

La patria de mi hijo Mahoma, hacia lo que los musulmanes se vuelven a la hora de la plegaria diaria, y a la que por obligación, deben visitar en peregrinaje por lo menos una vez en su vida, será en esta ocasión, la encargada de transmitir el mensaje con los gritos moribundos, que intentarán huir sin lograrlo, quedando atrapados, en la misma forma que lo están bajo las normas de una religión. Pero tened presente que lo mismo puede suceder en cualquier otro lugar, con creencias religiosas diferentes. Éste es sólo un aviso de los muchos hechos parecidos que ocurrirán".

En julio de 1990, murieron centenares de personas en el túnel de Al Musaisem. Todos eran creyentes musulmanes, y se asfixiaron cerca de la ciudad santa de la Meca en Arabia Saudita, en la peregrinación anual hacia los lugares santos del Islam y durante el Sach.

Desde que comprendí el mensaje, cuando acudo a una Iglesia, lo hago liberada, localizando en ella la pureza energética que vibra, y mirando las estatuas marianas como si fueran una extensión y un punto de apoyo de la Virgen que llevo dentro de mi, y que está en todos los lugares. Siguen agradándome las Iglesias o centros religiosos, pero mi visión sobre ellos es más amplia porque sé que yo soy mi verdadero templo, aunque otros que han sido creados por el hombre me ayuden a abrir las puertas de mi edificio personal.

PROFECÍA:

"La Tierra temblará muchas veces antes de gemir sus últimos sonidos, y hacia la mitad del año volverá a suceder. Oriente parecerá palpitar, vibrando las voces reprimidas de su territorio herido, con amplias figuras semejantes a bocas hambrientas. La rebelión terrestre sucederá en un mes elegido, como ejemplo de la necesidad imperiosa de buscar el equilibrio entre oriente y occidente. El mes al igual que el equilibrio, estará en medio, y la catástrofe intentará avisar de la rabia comprimida en bombas artificiales próximas a explotar, que oriente está almacenando para usarlas contra occidente".

El 21 de junio de 1990, Irán quedó devastada por un terremoto, que originó alrededor de 60 mil muertos. El hecho sucedió en junio, el mes situado a mitad de los meses del año, y el lugar afectado fue Irán, una de las naciones orientales.

PROFECÍA:

"El mes del León facilitará el principio de una gran sangría humana, en la que numerosos egipcios pacíficos, morirán junto con gente de otras naciones. Oriente y occidente en desarmonía, lucharán por sus propias justicias ególatras. Se falsificaran informaciones al respecto en ambos lugares, y las creencias religiosas darán lugar a miles de muertos, tanto para el sector occidental como para el oriental. Este suceso será solamente un intento de pruebas bélicas, en el que estarán a punto de utilizar armas desconocidas. Después de los enfrentamientos reinará una falsa paz, mientras el injuriado seguirá planificando una próxima batalla, en la que apoyado por varios países orientales y la U.R.S.S., no admitirá otra derrota".

Diez años después de invadir Irán, el 2 de agosto de 1990, el presidente irakí Sadam Hussein, ocupó el emirato petrolero de Kuwait. Varios meses después intervinieron Estados Unidos y otras naciones occidentales, desatándose una cruenta guerra en la que murieron muchos soldados.

El sangriento acontecimiento ocurrió en agosto. Este es el mes del signo Leo en el zodiaco (el mes del León), y fue también el punto de partida del enfrentamiento entre Irak y occidente. Con respecto a las informaciones recibidas, al menos en España, fueron en ocasiones contradictorias, anunciándose muchas veces la amenaza de Hussein de hacer uso de armas químicas en caso de enfrentamientos armados, mientras rogaba a Dios por la paz, calificando al jefe del estado norteamericano George Bush, de diablo y mentiroso. Nuestro comunicado se corroboró también, por la gran cantidad de egipcios muertos, que paulatinamente llegaron al aeropuerto del Cairo procedentes de Irak.

PROFECÍA:

"Los animales, quedarán convertidos en cobayas para los experimentos del hombre, y las armas biológicas secretas de cada país, se probarán año tras año en distintas naciones. Morirán muchos habitantes de la Tierra, mar y aire, y el sonido ancestral de los delfines, volverá a ser pronto motivo de simples habladurías, para aquéllos que como ciegos no ven en la muerte de sus hermanos los delfines, ni su reflejo, ni tampoco su propio futuro".

A partir de agosto de 1990, cientos de éstos cetáceos, se listaron en el litoral mediterráneo español, víctimas de una desconocida epidemia. A pesar de culpar como motivo de la contaminación, al petróleo y a los productos tóxicos vertidos asiduamente en el mar, nadie pudo averiguar la verdad, pese a que los precedentes de contagios con enfermedades semejantes en la costa este de Estados Unidos en 1987, y en el Golfo de México o en Normandía (Francia) en 1989. Jamás se descubrieron las verdaderas razones de este azote masivo de los delfines.

PROFECÍA:

"En la Tierra de los esclavos del sur, acaecerán pronto grandes conflictos, en los que tendrán que participar las fuerzas armadas. Ni a los muertos se les dejará descansar en paz, viéndose obligados a escuchar desde su lugar de hábitat, insultos y aberraciones de fanatismo étnico. La estirpe guerrera de esta nación renacerá próximamente, y la II Guerra Mundial parecerá resurgir, generalizándose el infierno. Será una batalla larga que dará lugar a varias más, y su motivación, aunque parecerá ser solamente étnica, se verá confundida con acciones bélicas territoriales además de las culturales. Las comunidades se levantarán agrediendo a otras, que durante los siglos convivieron junto a ellas. Tres serán los grupos ciudadanos ejecutores y ejecutados: serbios, musulmanes y croatas. En nombre de la homogeneación del territorio y de la igualdad unificadora, se cometerán las más terribles atrocidades, destacando el abismo existente entre la urbe y la gente del campo. Dos comunidades se unirán traicionándose después entre sí, de forma que con su avaricia, todos quedarán solos luchando entre ellos mismos. Será una guerra de todos contra todos, musulmanes contra musulmanes, serbios contra musulmanes y croatas, croatas enfrentados a musulmanes, etc... Los bebés recién nacidos vendrán a esta zona del mundo, genéticamente marcados por la violencia de la lucha, y sus madres formarán parte de las miles y miles de mujeres violadas o viudas, que rechazarán tener más hijos en lo sucesivo, conviviendo en el futuro con la mancha de su deshonestidad. Por muchos créditos de ayudas económicas que se concedan, siempre serán insuficientes, convirtiéndose esta guerra que vivirá tiempos de paz, en la predecesora de otras mayores; y cuando el mundo ya las haya olvidado, preocupándose egoístamente de sus problemas personales, resurgirán graves consecuencias internacionales derivadas todavía de ella, pero enmascaradas por la crisis de cada nación".

En esta ocasión el mensaje se refería a Yugoslavia, que precisamente significa "Tierra de los esclavos del sur". El 5 de mayo de 1990, el aniversario de la muerte de Tito, estuvo acompañado de manifestaciones en contra del líder fallecido desde hacía 10 años. Alrededor de 2 mil personas caminaban por la calle principal de Belgrado, enarbolando pancartas y pidiendo a toda voz, que su tumba fuera trasladada de Belgrado a Kumrovec (Croacia) donde nació. Pero dicho reclamo iba acompañado por ofensas e insultos como "fuera la basura extranjera" entre otros similares. Después de incubarse el conflicto durante bastante tiempo, apareció la guerra en abril de 1992, y el lugar donde convivieron juntos durante años, serbios, croatas y musulmanes, se convirtió en una zona trágica de muerte y destrucción. Hermanos, padres, hijos, amigos, vecinos y conocidos combatieron en trincheras opuestas, y su guerra es una mezcla de fanatismo étnico, cultural, civil, etc. Las comunidades urbanas donde se encontraban en mayor número los musulmanes, parecían sentirse omnipotentes despreciando a las rurales donde habitaban los serbios, que a su vez fueron conquistando terreno, mientras los musulmanes resistían en sus ciudades.

En Yugoslavia la violación forma parte del genocidio, por lo que varios miles de mujeres violadas por los combatientes, tenderán a no querer volver a ser madres ni mantener relaciones sexuales normales, y los hijos de las ultrajadas vivirán con ansias de venganza por lo sucedido con sus madres.

En Europa han habido varios acuerdos internacionales, para intentar solucionar la necesidad de conceder créditos occidentales y el secesionismo a Yugoslavia. Pero la verdad es que frente a los desastres que allí han sucedido, es muy difícil cubrir el déficit que se ha originado, y nadie piensa en una paz que dure muchos años.

PROFECÍA:

"No pretendáis rescatar de la muerte a quienes ya están sepultados en vida, durmiendo en una pérdida de tiempo que no tiene fin, y sumergidas entre los escombros de la obscuridad. Muchos de mis hijos pensáis que se puede vivir con las lamparas de la conciencia viva apagadas, sin prestar atención ni estar alerta sobre el peligro que se cierne en vosotros a causa de las acciones erróneas de quienes voláis también con la conciencia dormida, o de los que aprovecháis los sueños de otros para saquearles los talentos que les pertenecen y no saben aprovechar.

Unos físicamente actuáis con vuestro cuerpo festejando el domingo como día de descanso, comiendo, bebiendo, divirtiéndoos o durmiendo más de la cuenta, mientras otros seguís trabajando en la labor social que os obliga, descansando su cuerpo físico en los días de fiesta particular que se les concede en el trabajo. Pero ni los unos ni los otros os percatáis de que siempre descansáis un espíritu que clama el cielo, pero el horripilante drama de quienes realizáis el vuelo de una reencarnación terrestre tan corto, tan catastrófico y tan mal aprovechado en el sueño profundo del que ya no consigo despertaros. Son tantos los peligros que os evito, protegiéndoos mientras dormís en vuestro letargo de sonrisas y actitudes forzadas en una vida que no entendéis, que a veces he de dejar fluidez al transcurso de situaciones desagradables, que en realidad son símbolos de vuestro estado de trance profundo. ¡Despertad hijos míos, despertad a la vida, aprendiendo a interpretar el simbolismo circunstancial que os rodea!

Igual que el piloto no podrá captar en la obscuridad de su conciencia, el peligro que le amenaza cuando estallen los motores del avión, que conduce en el trance profundo de sus actividades diarias monótonas, convertidas en proyectiles incandescentes y mortales para otros durmientes; tampoco éstos últimos llegarán a ver la bola de fuego purificador, que destrozará unos hogares convertidos en lecho de la muerte, donde habitualmente perdían el tiempo de su oportunidad para resucitar en vida, rodeados de amigos, comodidades y algunos huyendo de su país igual que huyen del despertar de su conciencia. ¡Despertad hijos míos, despertad a la vida!, evitando el peligro de prolongar vuestra muerte, amputando el espíritu que os alimenta y quemándolo con un sufrimiento que no tiene más explicación que vuestra pereza, porque el vuelo de la vida puede ser tan corto como un viaje en avión de 10 minutos, en el que los kilómetros recorridos sean muy pocos, y cuando aterricéis en la muerte física, podéis hacerlo tan bruscamente como dirigís vuestra vida, llegando incluso a amputar los miembros del cuerpo físico, de otros despistados perezosos como vosotros, a los que también les faltaba ya partes de su espíritu que habían sido arrancadas por el sueño apagado de su voluntad divina. ¡No olvidéis que el 747, simboliza la facultad de crear sobre la materia la libertad de un espíritu que no tiene principio ni fin! Y yo sufro al ver cómo vosotros hacéis todo lo contrario oprimiendo mi espíritu y encarcelándolo en ella".

El día 4 de octubre de 1992 fue un domingo desastroso, porque en el aeropuerto de Schiphol en

Amsterdam, estalló un Boeing 747-F de carga de las líneas aéreas israelíes, pocos minutos después de despegar. Al avión que llevaba sólo cuatro tripulantes y carga, se le incendiaron dos motores, y convertido en una bola de fuego chocó contra un edificio que albergaba 200 viviendas y tenían nueve pisos de altura. Como era domingo, y alrededor de las 18:34 hrs., las viviendas estaban repletas de familias que las ocupaban, como normalmente sucede en cualquier día festivo, y de acuerdo con la información recibida de la Virgen, muchos de ellos eran inmigrantes ilegales que huían de sus países y también de la policía de Amsterdam.

El vuelo del aparato duró exactamente 10 minutos, puesto que según las informaciones recibidas, eran las 18:22 hrs. cuando el avión despegaba, y su caída sucedió a las 18:34 hrs. en forma también de un proyectil incandescente, tal y como nos lo dijo la Virgen

Aquel siniestro se convirtió en centro de atención de todo el mundo, mientras los servicios médicos, los bomberos, la policía y personal de la población luchaban con todo su esfuerzo por conseguir rescatar vivos a los más de 250 sepultados en los escombros del edificio derribado por el Boeing 747. Los hallazgos de los cadáveres fueron escalofriantes. La mayoría de ellos tenían los miembros arrancados o estaban calcinados, y mientras este horroroso drama se desarrollaba, hubieron varias personas que se sirvieron de la atención que provocaba su espectacularidad, para saquear los centros comerciales y las tiendas de los alrededores.

Yo me quedé una vez más perpleja y meditativa, cuando escuchando las noticias en T.V., comprobé que de nuevo nuestro mensaje se había cumplido... , pero también despertó en mi el trasfondo verdadero de la información de su simbolismo espiritual.

PROFECÍA:

"La ley del más fuerte es una regla innata de la propia naturaleza que como sucede con un espejo, refleja el contenido de su imagen con vosotros (los hijos de la naturaleza).

Este patrón es un impulso natural que todos sentís especialmente cuando sois niños y en vuestra infancia, al percibir desde lo más profundo de vuestro ser, que podéis conseguir todo lo que queréis, pero, después distorsionáis a esta singular potencia fortaleciendo la anti-información de dicho impulso: la impaciencia rebelde. La impaciencia incontrolada es sinónimo de una violencia con la que pretendéis ser más fuertes que la naturaleza, olvidándoos a medida en que os convertís en hombres y mujeres adultos cegados en su propio deseo, de que todo lo acontecido en vuestra Universidad planetaria llamada Tierra, sucede porque la ley natural destellante de mi divinidad, la apoya. Ya que incluso aquello a lo que calificáis de malévolo, porque en ese momento creéis que os perjudica, es benevolencia de un regalo celestial para concederos otra oportunidad, que os haga merecedores de la fortaleza deseada de forma errónea, sin realizar el esfuerzo oportuno.

Ni las rejas de una cárcel privarán a los impacientes para realizar sus cometidos si yo estoy de acuerdo, por eso sois vosotros mismos, los que os dais, u os quitáis lo que os corresponde según la justicia real; y ante la impotencia sufrida frente al cielo materializado, os impacientáis fortaleciendo vuestros errores irracionales con una rebeldía bruta... ¿Cuántas veces lo habéis hecho, quedando sometidos a un fracaso revuelto de afán vengativo?... ¿En cuántas ocasiones fracasan vuestros intentos, justificando vuestro dolor al culpar a quien según vosotros lo produce?... ¿Cuántas veces actuáis impacientemente sólo porque no conseguís determinados deseos?...

Esas son situaciones cotidianas que no observáis en el espejo de la vida terrenal... Así que os muestro un aviso colectivo, reflactario de la individualizada impaciencia: Varios rebeldes perderán una vez más la paciencia ante la espera de ver realizados sus deseo por medios pacíficos.

Sudamérica será el escenario, que repetirá dos veces en la misma piedra un intento golpista fallido, y como en un embarazo con algunos días de retraso, se dará a luz el nuevo escándalo con el nombre del mes de julio revolucionario, que tendrá tantos dedos como tiene cada mano.

Las emisiones televisivas, se controlarán acercándose al camino de los españoles o puente hacia la copia que sucederá en España, y el aeropuerto se convertirá en el libertador de los rebeldes durante un breve tiempo... El terrorismo amenazará desde los aires a los sometidos bajo lo desconocido... Pero las Fuerzas Armadas por la naturaleza, derribarán con los 16 a otros, hiriendo y matando a los insurrectos impacientes... que no lograrán apoderarse de sus objetivos.

Los dirigentes morderán la cola de la serpiente, olvidándose que en ella los últimos coletazos son los primeros, aunque como sucederá otra vez a finales de año, será una segunda intentona causal de otra tercera.

Los sumisos y pacientes permanecerán en sus casas eludiendo los disparos, las bombas o la identificación con alguna de las dos partes, y los impacientes se enfrentarán en su propia violencia, confundiéndose entre civiles, rebeldes o militares, ya que la impaciencia tiene su propia profesión... Las provocaciones, asedios y palabras egoístamente intencionadas, siempre encuentran su terreno de cultivo en los más débiles, que después serán repudiados por la unión de los más fuertes aunque se hallen distanciados en terreno, pero unidos por ideologías comunes y democráticas aparentemente".

Un coronel llamado Hugo Chávez, dirigió un intento de golpe de Estado desde la cárcel, y el día 27 de noviembre de 1992, se realizó el empeño golpista en Venezuela (Sudamérica). Era la segunda intentona golpista en el mismo año. La primera se produjo el 4 de febrero.

Nuestro comunicado avisaba que el lugar de lo sucedido sería Sudamérica, y efectivamente sucedió en Venezuela, además nos indicaba que se repetiría dos veces la fallida intentona y así fue. Entre la provocada el 4 de febrero y la del 27 de noviembre habían transcurrido nueve meses con 23 días, coincidiendo con lo que nos dijo la Virgen: "... y como en un embarazo con algunos días de retraso, se dará a luz el nuevo escándalo con el nombre del mes de julio revolucionario..." Lo más curioso es quienes se posesionaron de las instalaciones de televisión, se autodenominaron "Movimiento Cinco de Julio", y El Camino de los Españoles era un lugar situado en lo alto de la barriada caragueña La Pastora en el Collado Ávila, que se encuentra en las cercanías del Camino de los Españoles. Por lo que según nos recalcó sobre lo del puente, cabe esperar que en España suceda algo parecido.

Por otra parte, cuando nos hizo saber que "... el aeropuerto se convertirá en el libertador de los rebeldes durante un breve tiempo... ", se refería a la base aérea Libertador de Maracay, puesto que desde allí actuaron también los golpistas.

Con respecto a "...los 16 con que las Fuerzas Armadas derribarán a otros...", se refería a los aviones F-16 que abatieron a 4 aviones rebeldes. Pero de acuerdo a un comunicado, lo que parece un segundo y último intento sólo será el principio de un tercero, que originarán otra vez los impacientes mezclados entre civiles, militares y rebeldes violentos ante provocaciones. Y sucedió tal y como lo dijo la Virgen, que los más fuertes dirigentes de distintos países, se unieron repudiando la intentona golpista en Venezuela, y apoyando al presidente Carlos Andrés Pérez. Entre ellos se encontraron al presidente del Gobierno español Felipe González, el presidente del Partido Popular español José María Aznar y el presidente de los Estados Unidos George Bush (entre muchos otros).

PROFECÍA:

"Meditad mis palabras... ¡No existe ningún ateo o científico escéptico de mi existencia, que a la hora de su muerte física o a la de un ser muy querido, no se aclame al Padre Cósmico (Dios) o a mi... demostrando en los gritos desgarrados de su silencio delatador, que las blasfemias de sus palabras negando la existencia de un más allá todavía no medido en sus aparatos, no eran más que hipótesis dudosas y rebeldes, ante la frustrada búsqueda hecha por un camino equivocado por su carácter extremista...! Ni tampoco existe ni un solo representante de las distintas Iglesias o esoteristas fanáticos de dogmas establecidos en sus creencias, que a la hora de un sufrimiento enfermizo mortal sin remedio, no suplique desesperadamente a la ciencia, un remedio para su dolor desconsolado procedente de una aflicción sin antídotos posibles...

Y a todos los que pretenden alcanzar los conocimientos divinos ocultos o reservados abrazando únicamente la fe, les anuncio el ejemplo, de quien ha heredado por decisión de los hombres la misma autoridad suprema que se le concedió a Pedro, y a quienes los creyentes extremistas veneráis como Sumo Sacerdote de la Iglesia Católica, quien pedirá resultados científicos para solucionar la gran epidemia, que se extiende como peste escondida en un secreto provisional convenido por la sociedad. El lugar donde el representante mayor de esta Iglesia solicitará ayuda a la ciencia, estará atravesado por el eje de la Tierra, recordando la necesidad de unir las polaridades antagónicas de las que todos mis hijos *estáis* formados, ya seáis minerales, vegetales, animales o humanos... Incluso el Pastor crístico dará ejemplo a sus seguidores de la necesidad que la religión tiene de la ciencia... y frente al color negro de la piel, entre las paredes aquejadas con la voz del dolor de sus huéspedes, y en una zona mundial en la cual abundarán los aquejados de esa enfermedad, entregará su mensaje humildemente, demostrando que no desprecia la ciencia, puesto que hasta la naturaleza del espíritu que él representa la precisa desesperadamente...".

El día 7 de febrero de 1993 el Papa Juan Pablo II se encontraba en Kampala (Uganda). Como se sabe, los habitantes de este estado son en su mayoría negros (y frente al color negro de la piel...), y Uganda es un estado continental de África Oriental que está cruzado por el ecuador (... el lugar donde el representante mayor de esta Iglesia solicitará ayuda a la ciencia, estará atravesado por el eje de la Tierra...). Por otra parte, el Papa entregó un mensaje al presidente del comité médico de la conferencia Episcopal Ugandesa y Obispo Henri Sentongo, en el hospital católico más grande de Uganda (...y entre las paredes aquejadas con la voz de dolor de sus huéspedes entregará el mensaje humildemente...). Su comunicado requería a los sabios científicos, que encuentren pronto un remedio científico eficaz para combatir la enfermedad del SIDA, y ayudar a los enfermos de todo el mundo (...pedirá resultados científicos, para solucionar la epidemia que se extiende como una peste escondida en el secreto provisional...). Y sobra exponer que África es una de las naciones donde más enfermos de SIDA hay (...y en una zona mundial en la cuál abundarán los aquejados de esta enfermedad...), y que desarrollan su dolencia hasta llegar al trance mortal.

PROFECÍA:

"Quienes entusiasmados ciegamente por una creencia, la defienden tan apasionadamente, que olviden por completo quienes son de acuerdo a los conocimientos tangibles de los avances culturales... quedarán atascados en el pozo de un cieno hecho de arenas movedizas, que lo ahogará dentro de su egocéntrica ignorancia... Aquellos que se dicen espirituales renegando de la ciencia, pretenden inútilmente llegar a mí, igual que haría un parapléjico que desea trasladarse de ciudad únicamente utilizando sus piernas...

La mente e inteligencia que poseéis, os la hemos dado para que utilicéis sus virtudes, desarrollándolas hasta llegar al Paraíso Cósmico Universal... porque el Creador se halla en todo, y de acuerdo a los avances tecnológicos pretendéis acercaros a la simplicidad creadora, sin daros cuenta de que a Él os acercáis... Los extremos que habéis establecido entre la ciencia y la fe, no concuerdan con la realidad divina... Los espiritualmente hipócritas, perdéis el escaso tiempo que se os ha concedido, rechazando las pruebas tangibles de la verdad Universal manifestada en instrumentos, mostrándoos orgullosos ante los demás de que poseéis la veracidad interiormente, y de la supuesta opinión personal ante la imposibilidad de verificarla científicamente... Mientras tanto los científicos también extremistas, se niegan a aceptar cualquier destello divino que no pueda medirse o plasmarse por la ciencia... utilizando sus entendimientos de forma extremadamente material, sin importarles el daño que puedan causar al fanatismo por conseguir el éxito de un experimento... Hijos míos, que complicado es para vosotros unir a la espiritualidad con la ciencia, cuando en

ese lazo estrechado por el amor se encuentra la verdad...
Estáis tan perturbados anímicamente con vuestras ideas
fijas, que os perdéis o en el fanatismo científico o en el
espiritual, pero la verdad es que tanto en un lado como
en el otro camináis perdidos en la ignorancia... porque
mi palabra siempre se encuentra en el equilibrio... y no
lograréis oírla si no os halláis en él... ¡Científicos buscad
en vuestro espíritu y obtendréis respuestas más contundentes y bellas!... ¡Espiritualistas, preocuparos por adquirir
información científica... porque ella será la clave para en-
contrarme más de prisa y de manera más precisa!...

Refiriéndome a los vaticinios futuros expuestos a
continuación, deseo dejar claramente explícito, que mi
intención no es influir negativamente sobre los destinos
filosóficos, religiosos o políticos del ser humano, sino todo
lo contrario, procuro despertar una responsabilidad interior personal, conductora inexorable del futuro individual
y a la vez colectivo de la humanidad; puesto que tal y
como recibimos en nuestra experiencia común, no tenemos sólo la vida propia en nuestras manos, sino también
la de quienes nos rodean, junto con la del planeta Tierra. Ya que como células que somos del mundo, de nosotros depende su funcionamiento perfecto o imperfecto,
al igual que la salud de nuestro cuerpo, está subordina-
do al estado de organismos tan minúsculos como las células que lo componen".

La Virgen insistía una y otra vez, en que todavía nos
encontrábamos a tiempo para cambiar la dirección de
nuestra nave planetaria llamada Tierra, haciéndonos
conscientes en repetidas ocasiones, de que nuestra vibración de seres humanos, era la esencia responsable del
futuro de este mundo. Y así, despertamos una especie
de compromiso encadenado, que nos endeuda a comunicar en entendimiento personal, extendiéndolo masiva-
mente, junto con un mensaje de responsabilidad
singularizada, difusora al mismo tiempo del meollo fun-

damental de un porvenir colectivo, dependiente de cada naturaleza individual.

Cuando comenzamos a recibir augurios futuros, nuestra mente se inundó de sensaciones misteriosas, maravillosas... y a la vez casi inexplicables con palabras. Interiormente nos sentíamos fusionados con el pasado, el presente y el futuro. Era como si todo estuviera fundido en una sola cosa... como si en lo más pequeño se encontrara la verdad más grande... y como si todo fuera modificable fácilmente, utilizando lo aparentemente más insignificante y minúsculo (nosotros) como sendero influyente hacia lo grandioso, que en ningún momento podría serlo sin nuestro cuerpo-mente ínfimo. Nuestras sensaciones eran tan grandes desde un cuerpo tan pequeño... cuando comenzamos a escuchar aquellos vaticinios... Pero lo más hermoso, era el amor puro experimentado al mismo tiempo en que recibíamos cada revelación, junto a la comprensión de sentirnos valiosos avales de un futuro individual colectivo.

Analizando después lo sucedido, es curioso destacar que a pesar de algunos de los vaticinios pesimistas, para nosotros no lo eran en absoluto, puesto que en aquellos momentos, discerníamos entre nuestras egocentricidades orgullosas y la necesidad imperiosa de su anulación, mediante el sufrimiento egoísta. Esto mismo prolongado hacia la colectividad humana, nos hacía comprender las quejas y lamentos del mundo, como los gritos de una escoria encaminada a desaparecer con su propio dolor, aullando con la voz del animal que el hombre lleva escondido con esfuerzo, intentando dominar su personalidad.

Entre las comunes predicciones futuras que recibimos en varias sesiones de contacto, se encuentran las siguientes:

➤ "La jerarquía eclesiástica decidirá cuándo revelar parte de mi último secreto, en un momento en el que la mayoría de los iniciados, lo conocerán, discerniendo también al obstruccionismo eclesiástico, que sólo intentará vedar una vez más mi verdadero mensaje. Pobres de aquellos que trabajando como ministros de Cristo, piden venganza escondiendo sus desechos, al mismo tiempo en que crucifican la verdad en sí mismos.

Yo solo recibo peticiones egoístas y vanales. Casi nadie suplica el perdón verdaderamente arrepentido, ni implora por el mundo en general. Prácticamente ninguno se reconoce en los demás, ni siquiera son capaces de verse en los pequeños seres vivos habitantes de su cuerpo (células, moléculas, bacterias, etc.). Ya no existe la virginidad sin mancha ni pecado en la Tierra.

La pureza del planeta está ensuciada, por la emanación que emiten los seres humanos. Incluso los animales han superado al hombre, y están más cerca de la castidad natural del mundo. Por eso cada uno será víctima de su propio reflejo, pero la obscuridad de los pensamientos, palabras y obras es tanta y tan numerosa, que la reflacción dará como resultado, un sufrimiento sin precedentes en la historia conocida de la humanidad.

La cólera, la envidia, el rencor, el odio, la avaricia, la impaciencia, el egoísmo, el desamor y el olvido espiritual entre otros males, han provocado la omisión de la plegaria humilde. Y como es necesario orar haciendo penitencia cada segundo de vida, reconociendo la imagen habitual humana de entregar como víctima al prójimo, para que sea torturado por las miserias diabólicas e interesadas del mundo en general; se pasará por la conversión obligada a Dios, siendo cada uno víctima de sí mismo.

Pero el castigo no procederá en ningún caso de Dios sino del propio hombre, que necesita sufrir para valorar sus errores.

¡La humanidad ha hecho caso omiso de los avisos previos! ¡Las quejas de vuestro mundo no han sido escuchadas! Tantas anomalías ecológicas, tantos maremotos, terremotos, huracanes y otros lamentos suplicantes de amor, desaprovechados en sollozos egoístas...

La guerra psicológica interna de cada persona, se va a manifestar multiplicada y concentrada de forma masiva, en millones de sujetos residentes en distintos puntos del planeta. Y cada zona bélica habrá sido elegida anteriormente por mí, para avisar mediante mis apariciones, de estas materializaciones belicosas y mezquinas. Sin embargo mis manifestaciones, sólo habrán originado egocéntricas peticiones individuales, ambiciosas de un engañoso bienestar,

¡Ay hijos míos, si supierais cuánto sufro!, cuando oigo las vanalidades que cada petición conlleva consigo, al olvidarse mis hijos de clamar por sus hermanos, para esquivar las calamidades que se avecinan, como circunstancias necesarias para originar el cambio de personalidad, y evitar males todavía peores.

La egolatría es sinónimo de ceguera... Lo que está sucediendo es la consecuencia de la causa que lo originó... Pero el hombre sigue sin concientizarse, de que la actualidad es la causa de la misma consecuencia ampliada... y que los soldados combatientes en puntos espaciados de la Tierra, se unirán bajo una lucha común energética y materializada... como energético ha sido su origen. Son tantas las señales que se están dando y que no veis...".

➢ "Los componentes de la Iglesia católica crearán controversias ante las predisposiciones a aprobarse los sacerdocios de mis hijas las mujeres. Los dirigentes masculinos de otras sociedades religiosas como por ejemplo la anglicana o Iglesia de Inglaterra, accederán, a igualarlas al hombre en sus cargos. Sin embargo aquellos colaboradores que rechacen las resoluciones, haciendo alarde inconsciente de su orgullo machista, cambiarán de creencias como sus hermanos los camaleones cambian de color, y expresando sus dudas sobre la fiabilidad hacia las reformas a favor de las féminas, y solicitarán ser acogidos por una Iglesia Católica, que pretendiendo ser la voz de mi hijo Jesucristo, recogerá a los rebeldes extremistas pertenecientes a los cleros de otros lugares, asemejándose a algo parecido al Imperialismo Católico donde las mujeres sólo serán reconocidas como sirvientas de los hombres crísticos merecedores de los altos cargos... Incluso se solicitarán, indemnizaciones para quienes abandonen sus ocupaciones eclesiásticas.

No obstante los responsables católicos, actuarán cautelosos ante los éxodos de clérigos de otras religiones solicitando acogida por la asamblea de los cristianos dirigidos por la autoridad del Papa y Obispos. Y es precisamente esta extremada precaución, la que enfrentará a unas creencias religiosas con otras, a pesar de que finalmente el catolicismo aceptará a los emigrantes de la fe. Pero habrá pasado el tiempo de paz, y hasta en la creencia romana consagrada como pueblo mesiánico de Dios se manifestará en la guerra.

El catolicismo tenderá a perecer, a causa de las traiciones internas de quienes lo componen y los que todavía pertenecen a otras creencias. Y obligatoriamente debido a la evolución de la mentalidad de los cristianos el catolicismo también acabará aceptando a la mujer en el sacerdocio, obispado, etc... después de que Juan Pablo II ceda su puesto tras la muerte.

Pero antes, la tendencia a rechazar la supremacía del espíritu, intentará anular a la mujer, para mantener la hegemonía del hombre, quedando al desnudo los defectos psicológicos de éste... ¡Qué penoso es para mí, comprobar que hasta quienes dicen trabajar en mi nombre y en el de mi hijo, no reparan en sus polaridades interiores, comprobando que lo femenino y lo masculino se complementan con la necesidad de fusiones en un punto equilibrado perfecto... No se percatan que renegando de la mujer me denigran, y también de la madre terrenal que le dio la vida a su cuerpo... ¡Si hasta quienes dicen trabajar espiritualmente están tan atados al sexo material, que prefieren abandonar la religión a la cual pertenecen cambiándose a otra, antes que consentir que una fémina sea sacerdote u obispo y me represente a mi con voz y voto!... ¿Cómo pueden hacerse creíbles mis representantes ante vosotros, si ellos mismos diferencian los cargos profesionales de acuerdo al sexo, y no a la preparación del espíritu?...

Si todos los religiosos de las diferentes órdenes, encontraran mi religión en su interior y no en los estatutos puramente sociales... todavía podrían evitarse las traiciones venideras y destructivas de la Iglesia Católica, que devendrán de las relaciones entre los componentes de otras Iglesias y los suyos propios.

El sonido femenino de mis campanas no se escuchará y la corrupción se ampliará en el catolicismo, siendo la crisis religiosa y la de valores humanos, la que más de prisa acariciará la política... Si no sois capaces de reconocer la importancia de las mujeres en Dios... ¿Cómo vais a saber amarlas?... Si el hombre y la mujer, o sea, lo masculino y lo femenino siguen separados en la consciencia terrestre... ¿Cómo encontraréis vuestra unión?... Si habláis del amor de Dios por encima de todas las cosas y de que Dios está en todo... vuestra actitud significa que no lo habéis hallado, aunque pretendáis engañar al mundo haciendo creer que le servís... Todavía podéis salvar vuestra Iglesia interior y hasta cada una de la religiones, pero si no sabéis unir los polos opuestos (masculino y femenino), difícilmente superaréis el declive de la fe humana... que os arrastra a una crisis de valores espirituales ejemplificados por los dirigentes religiosos... que tienden a conservar o recuperar el machismo cruel yególatra de los más fuertes físicamente (los hombres), olvidándose de la virtuosidad del alma femenina que os parió entre gemidos voluntarios...

¡Cuando mis sirvientes teóricos religiosos encuentren su fin, se autodestruirán encendiendo ellos mismos la llama del adiós al machismo!... y entonces ¡mi feminidad se dejará oír en las mujeres establecidas como máximos dirigentes religiosos!... Preparaos pues para ello, comenzando a valorar a vuestra madre, esposa o hermanas terrenales... como parte vuestra que en realidad son... ¡Si hasta ellas están sometidas en las reglas de nuestra comunidad social!... ¿cómo reaccionaréis cuando en el catolicismo se les reconozca por encima de los hombres?... ¡Hijos míos, comenzad a servir a quien tanto os ha servido... anulando ese machismo que tanto os hará sufrir!...

Muchos iniciados en mi luz pretenderán iluminar a los demás sin alumbrarse primero a ellos mismos... La mayoría serán voluntades paralizadas en el silencio de los años... que creeran encontrar un canal de liberación en la excusa de creerse necesarios para los demás, olvidándose de que no podrán ayudar verdaderamente a nadie, si primero no se ayudan a ellos...

Engañados en sí mismos se autodenominarán líderes de grupos de seguidores, que buscarán en ellos la base donde abandonar la responsabilidad de sus propias acciones... Hasta tal punto pretenderán excusar sus actos en el dirigente, que llegará a denominarlo Jesucristo, convirtiéndose en grupos numerosos calificados de sectarios, que recogerán adeptos debilitados psicológicamente, y fugitivos de un trabajo consistente en esforzar su propia voluntad... ¡Ojalá quienes pretendan hacerse pasar por mi hijo, vuestro salvador, lo fuese de verdad... porque en ese momento dejarían de tener nombre y se llamarían simplemente *amor*...!

Pero al contrario de lo que hizo vuestro hermano Cristo, estos líderes insultarán las enseñanzas de mis hijos... que jamás indujo a nadie al suicidio ni al crimen, a pesar de conocer el futuro lleno de padecimientos, e incluso la forma de muerte cruel que le esperaba a él o a sus fieles... Sus palabras se convertían en manantiales de sabiduría... que alimentaban el amor utilizando la belleza de la vida... y la conservación del templo del cuerpo físico, que la naturaleza divina les había regalado al nacer... Por eso cualquier clase de sufrimiento lo soportaban disfrutando de ser merecedores de padecerlo... para entregárselo lleno de orgullo al Padre Celestial, hasta que la muerte física les llegara por su propia naturaleza o por voluntades humanas ajenas que no sabían lo que hacían... ¡pero nunca se suicidaron por cobardía, ni me insultaron haciéndolo ni siquiera en pensamientos...!

¡Qué lástima, pues no es correcta la forma de tratar al Señor que lleváis dentro!... y una derivación de ese error es precisamente el esparcimiento de los cultos sectarios apocalípticos... que entre sus mensajes supuestamente mesiánicos, pretenderán salvar al mundo inculcándoles a quienes le escuchan, la idea del suicidio en masa, cuando se sientan amenazados por las leyes sociales. La voluntad de sus adeptos será tan débil que dejará de existir y admitirán a su jefe convencidos de que únicamente él, es capaz de abrir los siete sellos salvadores de la catástrofe del fin del mundo... Pero cuando los cabecillas de estas ofensivas organizaciones se encuentren perseguidos o acosados por la justicia, preferirán provocar suicidios colectivos con todos sus seguidores antes que reconocer públicamente su declive, y todos juntos huyendo de un teórico fin del mundo del que estarán mecánicamente convencidos morirán orgullosos de obedecer las órdenes visionarias de su dueño...

La obsesión por el fin del mundo eminente les servirá para prostituir en todos los aspectos a quienes vivirán en las comunas con estas personas trastornadas mentalmente. Todos ultrajarán el cuerpo de todos obscenamente... y de hecho no se escaparán ni siquiera los niños, que además serán la mayoría de los hijos de los dirigentes...

Se acerca el año 2,000, y con él la repetición de estos hechos vandálicos e ignorantes... que bajo la eminencia del juicio final... encontrarán en la soledad de los disminuidos espiritualmente, un terreno fértil para abonar la siembra maléfica del anticristo... Hijos míos, ningún renacido en Cristo se llamará jamás a sí mismo Jesucristo... ni violaría la santidad de mis templos en los cuerpos ajenos... ni inducirá a la muerte a nadie... ¿Acaso mi hijo lo hizo, a pesar de saber lo que le esperaba a él o a los Santos Apóstoles?... ¡Al contrario luchó hasta el final para despertar su verdad en vuestro interior!... ¡Aprender a amar sin preocuparse del sufrimiento, porque sólo así podréis volar por encima del destino de vuestros errores!...".

➢ "El fanatismo nacionalista, manifestará el egoísmo individual humano violento y posesivo. Cuando os conocéis los unos a otros debido a la situación o circunstancias de la vida, empezáis a concientizaros más de los valores divinos de quienes tenéis enfrente, pero cuando pasa el tiempo, en vez de buscarlos también en vosotros, os autodefendéis de un peligro irreal, recalcando y hasta inventando defectos en quien teméis que os haga sombra ante los demás... Las relaciones rotas o conllevadas falsamente y repletas de deslealtades son el siguiente paso, que os arrastrará a asesinar fanáticamente el verdadero amor de una relación, ya sea amistosa, laboral, familiar, amorosa, etc... Las traiciones que os hacéis, simulando aceptaros a vosotros mismos y a los demás, se develarán en masa de diversas formas.

Una de ellas serán los atentados mortales, hechos a los extranjeros de cada país, sobre todo en aquellos donde las religiones o razas sean diferentes. La curiosidad de conocer a otras naciones se mermará por el miedo a morir asesinados, incrementándose así la rivalidad entre diferentes países enfurecidos, que al fin y al cabo no serán más que el reflejo del miedo que sentís mis hijos a vuestros hermanos más próximos en la vida cotidiana. En numerosas ocasiones estos hechos se atribuirán a locos, aunque simplemente serán opiniones, de quienes no desean verse a ellos mismos ni a la verdad obvia de un descarado integrismo nacionalista, preliminar de la matanza colectiva correspondiente a la III Guerra Mundial".

➢ "Cada acción colectiva será la huella anticipada del desastre que presentís. Las huelgas y manifestaciones de todo tipo clamarán a voz y escritura sus derechos. Miles de estudiantes universitarios de todo el mundo, se revelarán ante su futuro incierto.

A quienes todavía no tendrán beneficios económicos porque estarán preparando su porvenir, se les oprimirá y robará su dinero legalmente, obstaculizándose el futuro de los más pobres y de los hijos de obreros. Ellos gritarán justicia y el reconocimiento de su situación sin importarles el frío, el calor o el dolor, pero sus súplicas, no podrán ser escuchadas, a causa de las malas condiciones de los gobiernos, y las reiteraciones pacíficas reivindicativas de estas movilizaciones estudiantiles, se extenderán de ciudad en ciudad y de nación en nación. En realidad se tratará de jóvenes psíquicos, que prevén lo ya inevitable, preparándose inconscientemente para una lucha segura y física.

La verdad es que de ellos deberéis de aprender, que todos los seres vivos sois estudiantes en la escuela de la vida, y que exclusivamente las manifestaciones por la paz, os pueden salvar de la guerra".

➢ "El libre comercio internacional que mueve al planeta, hundirá la economía que impulsa al mundo. El declive económico de los próximos años, sólo podrá evitarse amparando cada nación a sus productos, y salvaguardándolos de las producciones extranjeras que tenderán a acometer a las oriundas. El hombre tiende a no querer levantar poderosas barreras comerciales, para impulsar e incitar la industria autóctona de cada país.

Es el hecho de no desear ayudar a vuestros hermanos más cercanos porque los veis como competidores, lo que os hace tomar lo necesario de quienes se hallan más lejos. En la confraternación únicamente encontrais rivalidad, y el intercambio de la necesidad inevitable de dar lo justo a aquél de quien tomáis lo necesario, lo realizáis con los seres más distanciados en el espacio, para evitar ayudar a los más próximos en quienes veis un contrincante en vez de una unidad.

Así vivís cada día de vuestra vida. Perdéis el tiempo disputando trivialidades entre quienes os rodean, y buscando amor en el extraño".

➢ "La recesión de la economía mundial provocará la caída del empleo y el aumento de los desempleados o parados. La explotación gubernamental destruirá tanto al patrimonio de las empresas como al de los trabajadores, ancianos, parados o funcionarios. Pero cuando la mayoría estén afectados, surgirá el momento que verdaderamente concernirá a la crisis, que desde hace años estaba fraguándose sin implicar aún todas las consecuencias que se acarrearán materialmente en la posteridad. La tela de la araña atrapará a la mayor parte de la gente, y la única evasiva sin salida, será aminorar el costo laboral eliminando trabajadores. Mientras tanto las obligaciones de pagos crecerán hasta tal punto de no poder cubrirse, y tras una falsa alarma de mejoría, todos los patriotas de un país se enterarán de que no son los únicos, puesto que lo mismo sucede en todo el mundo.

Después de las manifestaciones de cada nación, surgirán conflictos bélicos que se agravarán paulatinamente, haciéndose pública internacionalmente una misma súplica común.

En realidad todo esto es la demostración colectiva de la crisis de valores humanos que infectan el planeta.

La producción industrial es el engendro colectivo material, de la orientación masiva humana hacia las polaridades opuestas de su vibración. El término intermedio entre ambas orientaciones contrarias, otorga el fin divino anhelado y la felicidad, pero lamentablemente mis hijos no sabéis buscar el equilibrio, preferís los extremos.

El deterioro del fruto de la industria se acelerará, de acuerdo al freno que aplicáis al desarrollo de la estima pura de la naturaleza interior, y de la marginación de vuestros valores virginales, desorganizados con las intenciones negativas hacia la destrucción de la castidad natural, que os impulsa a vivir puramente para acercaros a mí.

Se intentarán aplicar soluciones equivocadas reduciendo horas laborales, moderándo los salarios de los trabajadores, enmendando leyes aplicadas anteriormente, haciendo públicas las empresas privadas, legalizando situaciones ilegales, otorgando las administraciones centrales y autónomas ayudas a las empresas, aumentando los pagos de los civiles, disminuyendo los intereses bancarios, facilitando la productividad de la agricultura, etc... ; sin embargo, el resultado será infructuoso, y vuestra crisis colectiva seguirá sin aportar el producto espiritual necesario y verdadero inverso del porvenir de vuestro destino".

➢ "La crisis de vuestras necesidades psicológicas destellan su imagen en las materiales. De forma que los intereses de todos los países se quieren resolver de la misma manera, y os olvidáis de que no podéis encontrar lejos, la justicia de un amor que no halláis cerca. Así que las relaciones internacionales serán controvertidas, perdiéndose en un laberinto sin salida, que solucionará sus desavenencias de la única forma posible: el debate violento. Las mismas peleas que tenéis con los seres más cercanos, primero surgirán ocultas entre los dirigentes de las distintas naciones, y más adelante públicamente entre sus habitantes. Una vez más la guerra colectiva reflejará vuestros actos individuales.

En la efervescencia del mundo, bullirá el acalorado personalismo de cada uno, haciendo brotar entusiasmadamente un destacado altruismo fervoroso. Sólo entonces, cuando la justicia hipócrita mundana se arbola junto a los poderes eclesiásticos y civiles, se limarán las asperezas internas, sometiéndose la ansiedad de dominio e imposición a los semejantes, bajo el sadismo necesario de una autodestrucción de la imperfección. Ya estáis en la víspera de una obscuridad imprescindible, necesaria para permitir que la fuerte luz de vuestro hermano Jesucristo, os ilumine potentemente, eliminando la luz tenue que preferís ver ahora".

➢ "Las penas físicas y morales, se evidenciarán en terribles azotes calamitosos, continuadores de una importante crisis económica, predecesora de graves acontecimientos".

➢ "Ya todos lo sabéis, pero preferís esconder la cabeza bajo el ala de vuestra ignorancia fingida... Los gobiernos políticos de todo el mundo, serán focos de escándalos una y otra vez, deshaciéndose muchos de ellos por sus propios errores, u obligados por la fuerza bruta de rebeliones internas y externas".

➢ "La justicia de la calle, será tomada por un pueblo que durante años se habrá sentido impotente ante tanta delincuencia. Las armas mortales formarán parte de todos los hogares y su tenencia al final será legítima. La acción generalizada de *ojo por ojo y diente por diente*, justificará la condena imparcial de un tribunal neutro inexistente, cumpliéndose las penas impuestas por el propio difamado. Pero como el hombre es injusto consigo mismo, evaluará erróneamente los supuestos hechos delictivos, aumentando la inexactitud de sus actos justicieros, y al mismo tiempo la violencia cruel pública e inhumana.

Tantas veces como os dijo mi hijo Jesucristo: *no juzguéis si no queréis ser juzgado*, y sin embargo su hermana la humanidad tiende a hacer todo lo opuesto, sumergiéndose no sólo en su ceguera sino también en su sordera.

Las incesantes opiniones críticas hechas contra los familiares, amigos, conocidos y hasta desconocidos, son el resultado de inútiles juicios que reflejan vuestras sentencias psicológicas fallidas, que plasmadas en el ambiente impulsarán a los hombres del futuro a hacer lo mismo física y tercamente, utilizando armas, al creerse en el derecho de tener la vida de los demás en sus manos. Los juicios realizados con los pensamientos y las palabras, son tan responsables como los hechos en asesinatos injustos, puesto que éstos últimos, nunca llegarían a ejecutarse sin las previas sentencias pensadas y habladas... ¡Pensad en ello, aún estáis a tiempo de cambiar vuestra tendencia a condenaros culpables inconscientemente bajo la resolución de vuestro propio veredicto! ¡Recordad que los hombres venideros, son genéticamente parte de vosotros mismos!".

➢ "Iglesia y gobierno intentarán pactar juntos en busca de la potencia unificadora, ante una población desbocada por su furia incontenida. Pero esta alianza estará traicionada en la obscuridad de ambas partes, de forma que se autodestruirán juntas, transformándose la Iglesia en el eco incontenido de la política. Sacerdotes, obispos y otros supuestos servidores de Dios, quedarán desnudos ante un pueblo que como un mártir de sus propios defectos, clamará venganza en quienes hablaban de amor reverencial, y actuaban ocultos en su egolatría hasta entonces simulada.

Tanto las Iglesias, como las cortes, palacios o centros de reuniones políticas serán profanados, robados y cerrados, muriendo sus representantes cruelmente. Muchos huirán, pero solamente se salvarán aquellos que deban. Pensad que algunos considerados socialmente como últimos, para mí son los primeros".

➢ "La excesiva egolatría provocará que los medios de comunicación, sobre los que destacará la televisión, jueguen primero con las emociones humanas y con la vida de sus hermanos los animales. Los animales racionales se olvidarán de los sentimientos, emociones, pensamientos o dolores de los seres considerados por ellos como inferiores (animales).

Triunfarán los juegos psicológicos y físicos, en los que los animales serán protagonistas perdedores ante la inteligencia humana; de forma que entre sus gritos desesperados de angustia ante el peligro y la muerte, clamarán eufóricos las voces egocéntricas de aquellos seguidores de un espectáculo, considerado por ellos como un juego en el que el riesgo pertenecerá a los animales. Esto será el principio de un nuevo recreo divertido de los hombres. El juego necesitará más alicientes, comenzando entonces a ser ellos mismos las víctimas, y los pasatiempos televisivos mostrarán en directo la caza humana, de quienes se ofrecen como participantes por necesidad económica o de libertad de prisión, arriesgándose como presas para jugarse la vida en busca de un sueño. El ofrecimiento legal de libertad para los condenados a cadena perpetua o muerte, consagrará las vidas de los presos sin vida futura a los juegos televisivos, en búsqueda del donativo que les otorgue más días de vida, siempre y cuando no sean vencidos en el juego o muertos en él. Las diversiones emocionantes en las que la vida de los prisioneros competirán, se legalizarán hasta acaparar toda la audiencia televisiva.

En realidad llegaréis a hacer con vosotros mismos lo mismo que se hizo con los animales... Y es que en realidad para la naturaleza Divina, no hay más diferencia entre los unos y los otros que la responsabilidad del dominio que tenéis sobre el planeta. El lugar que ellos ocupan frente a la fuerza que tenéis, la sustituiréis después, y la posición de los animales extinguidos la aposentaréis los hombres; de forma que ellos dejarán de tener tanta importancia, y algunos humanos sobre todo reclusos pasarán a ocupar su puesto.

A partir de entonces la competitividad en los placeres se hará más efusiva, jugando peligrosamente los seres humanos entre sí, a cambio de anhelados premios. No habrá límites para el peligro espectacular y la muerte simbolizará la derrota de quien compita en dichos esparcimientos... ¡No debéis alarmaros ante esta situación, sino intentar evitarla! Ahora os encontráis en su principio controlado por las normas sociales, pero poco a poco la sumisión de estos placeres se liberará hasta límites ilimitados.

Meditad un poco sobre estos hechos, sin despreciar como inferiores a los animales, porque todos lo sois en distinto grado... y a ellos deberéis de amarlos más, precisamente por su inferioridad bajo vuestro dominio. Sin embargo, no os olvidéis de la similitud entre las distintas razas ni de la igualdad entre vosotros. ¡no les hagáis a ellos lo que no os guste que os hagan! ¡No les obliguéis a sufrir lo que no deseéis padecer! y... ¡Dadles la felicidad que codiciáis porque os la regaláis a vosotros mismos! Recordad que no hay más diferencia entre las distintas fisonomías que el cambio de estructura física. ¿Dónde vais a encontrar mayor inocencia que en los animales o los niños?... Tanto los unos como los otros están más cerca de mí que los albergadores de una errónea razón, abogada matemáticamente de los ingenuos buscadores de la libertad (los hombres aparentemente maduros). Es una lástima que el valor y el coraje egoísta del instinto bruto animal humano sea estimado más que la humildad de los animales puros".

➢ "La más avanzada tecnología en la Tierra y en el espacio, irá acompañada de supuestos Jesucristos que obrando aparentes milagros, acapararán la atención de quienes preferirán vivir con sus lámparas espirituales apagadas, sin observar cómo se aproximan las coyunturas de grandes cambios bruscos".

➢ "Llegará el momento, en el que la sangre será más visible que el agua, y ésta última, estará tan valorada como la sangre misma para la vida.

Es necesario que oréis con el sonido de vuestra voz verdadera... Todos sois mis hijos, pero los habitantes terrestres estáis divididos... Se han creado diferentes escuelas del amor y distintas religiones... Tanto los musulmanes, mahometanos, protestantes, testigos de Jehová o católicos por ejemplo, se creen elegidos, menospreciando a quienes no comulgan con sus propios dogmas; sin entender que se encuentran prisioneros, en las limitadas rejas de la incomprensión creada por el mismo hombre... Mi religión no tiène nombre, ni está sometida a ninguna clausura humana... se llama sencillamente *amor en la unión de lo más ínfimo*. ¡Hasta el aire mismo que respiráis, está hecho de criaturas vivas creadas por mí, y sin embargo ni siquiera lo valoráis, cuando en cada respiración quedáis fundidos con él, viviendo por él!

Yo os ofrezco la salvación a todos, sin excepción ni preferencias de grupos o religiones, dandoos en la medida que hayáis dado o debáis dar. Pero tener presente que si no lo habéis hecho se os pedirá de varias maneras, hasta que comprendáis a veces con dolor, que únicamente en el amor podéis ser felices.

La plegaria del amor es la oración del equilibrio o la paz. Y al igual que cuando os encontráis enfermos, suplicáis haciéndoos conscientes de vuestra miniatura, o del mal comportamiento que adoptasteis ante el cuidado que debíais a mi templo, que es vuestro cuerpo y mente... de la misma forma es necesario la enfermedad de la guerra, para concientizaros del sufrimiento de nuestros hermanos o del resto de los seres vivos...; y dichosos vosotros, los que sois capaces de despertar en el dolor, porque los que no lo consigan dormirán en la eternidad de los tiempos, sumergidos en la pesadilla más terrorífica que pueda soñarse: ¡la impotencia!

Acercáros a mi llamada con la oración del amor, despertando en vosotros mi virginidad, que es, ¡la mejor autopsia hacia la santidad!

Los pecados no pueden estar reclutados por ninguna norma humana... Las verdaderas reglas directoras de lo que está bien y está mal, nacerán solamente desde lo más profundo de vuestro interior... ¡Dejad de juzgar a los demás, porque mi verdad está más allá de vuestra comprensión del bien o del mal!; y los pensamientos, palabras u obras de desaprobación emitidos hacia vuestros hermanos, se transforman en el pecado más cruel, como la resonancia más clara de vosotros mismos.

Buscadme en vuestro interior. No penséis en mí como un ente etéreo ajeno a vosotros, puesto que así parecéis desear inconscientemente alejarme, por miedo a mi castigo por haber pecado.. Vuestros pecados son simplemente errores que podéis rectificar, despertándome y abriendo la celda en la que me guardáis por temor... Y el castigo es el efecto de los pensamientos, palabras y actos fallidos o desacertados, que repetís una y otra vez en distintos tiempos y escenarios... Dejad de tener miedo, fluid amándome igual que yo os amo, y así aprenderéis a amar sin intereses, disfrutando de la paz tan ansiada por vosotros... tan aclamada egoístamente por todo el Universo".

➤ "Lamentablemente para el dolor humano, muchas guerras son ya inevitables. El planeta que os acoge, permitiéndoos vivir en él para facilitar vuestro progreso espiritual y eterno, sufre por el comportamiento del hombre... Sus heridas necesitan curarse con la vibración de la humildad... y sus lágrimas sólo pueden secarse con el llanto humano...".

➤ "Oriente será el soldado valeroso que se enfrentará al reinado occidental. Occidente se ha olvidado de Dios, llegando a creerse todopoderoso. Hay errores de los que ya no pueden evitarse sus consecuencias... y está pronto el tiempo, en que las ciudades se convertirán en la jungla más salvaje que existe, siendo las montañas, bosques y pantanos los lugares de acogida más seguros para aquéllos que merezcan salvarse...".

➢ "La naturaleza humana estará obligada a acercarse a la verdadera naturaleza, para compartirla con sus hermanos los animales en muchas ocasiones, viviendo todos juntos en el paraíso de las leyes naturales tan perseguido por el avance tecnológico... Mientras tanto, parte de aquéllos más apegados a la ilusoria materia se desintegrarán con ella... Habrá momentos en que majestuosos rascacielos construidos por el hombre, quedarán soterrados junto a éste, y gran parte de la Tierra... desaparecerá envuelta por el fuego, que tendrá su origen en las lágrimas de algunas nubes, previa y voluntariamente intoxicadas por el propio ser humano."

➢ "Os halláis ahora en el último parpadeo de la ilusión mundana, y cuando volváis a abrir los ojos, veréis lo que ya existe en menor medida pero no miráis.

¡Cuántas enfermedades están próximas a manifestarse!, siendo solamente nubes vaporizadas, que en vuestro espacio serán lanzadas como pruebas de un armamento químico, presto a utilizarse de forma proporcionalmente ampliado, en espera de las muertes deseadas para el momento oportuno de una guerra".

➢ "El descenso de la natalidad acentuado, avisará del final de la estirpe humana, que por su propia voluntad se negará en un principio a tener hijos debidos.

Los cambios en la naturaleza fisiológica de las mujeres apoyarán tal objetivo, resultando una disminución destacada en el número de recién nacidos.

La desgana de traer hijos al mundo, simboliza el rechazo de los padres a la vida... y el reniego a experimentar el futuro kármico, predestinado como efecto de los actos del hombre. Llegará el tiempo en que la juventud será mínima en comparación con los adultos y ancianos... y hasta tal punto se habrá extendido mundialmente el mismo objetivo común, que no les importará al poderío gubernamental y al militar, hacer pruebas de bombas químicas lanzadas en partículas inteligentes, cuyo único propósito será alojarse en las mujeres o doncellas fértiles, para que jamás puedan fecundar ya. Los síntomas padecidos por las afectadas, se divulgarán internacionalmente a través de los medios de comunicación como si de una enfermedad inédita se tratara... y la muerte de los primogénitos en Israel en los tiempos de mi hijo Moisés, parecerá repetirse en distintos escenarios y de diferente manera... Es penoso que mis hijos tiendan siempre a repetir sus errores hasta por los siglos de los siglos, de acuerdo con el nivel cultural y la evolución de cada época...

Las extrañas enfermedades a las que me refiero caerán en el anonimato, quedando ahogadas en el sollozo reprimido de quienes las padecieran y nunca tendrán hijos... puesto que en las aquejadas, proliferarán las muchachas adolescentes vírgenes o que todavía no habrán parido. Los poderosos que las probarán de incógnito, conseguirán sus metas: ¡experimentar armas secretas, e investigar un control de natalidad mantenido en el enigma! Ambos blancos tendrán éxito, pero cuando involuntariamente se haga público su uso, se lamentará el hecho de forma masiva porque no tendrán remedio sus consecuencias...

A la cobardía de mis hijos no se le da suficiente importancia, y la realidad es que comenzáis apocándoos en situaciones insignificantes que intentáis excusar con la timidez, que os sirve de excusa para abandonar el esfuerzo de superación personal, necesarios para enfrentaros a la verdad. Durante el transcurso de la vida os escondéis de vosotros mismos, por temor a descubrir un acobardamiento mantenido en silencio desde que tenéis uso de razón... Al principio os dan canguelo cosas aparentemente sin importancia, que escondíais en el baúl de los recuerdos de vuestro crecimiento y desarrollo; luego cuando descubrís la humildad de todo en los acontecimientos majestuosos, os escondéis en el pretexto de que la ignorancia y la minoría de edad que un día tuvisteis no os culpan de nada porque según vosotros sois el producto de una mala educación social.

Hijos míos, sois mis hijos en evolución desde el momento en que nacéis... y se os da en cada instante lo necesario para conseguir una evolución satisfactoria... Incluso los niños son responsables de su progreso, ya que en el avance de sus años se desarrollan las probaturas justificantes de su devenir...

Cada gesto, pensamiento, palabra o acción de un niño es la señal de su hombre del mañana... que a través de sus distintas experiencias, reaccionará según el aprendizaje propio del niño que fue. No inculquéis pues a los niños un miedo disimulado en la prudencia o la madurez, porque... ya sabéis... desarrolláis la cobardía en ellos, y no sólo sois responsables de la progresión equivocada de vuestra niñez... sino también de las criaturas con las que os relacionáis. Recordad, a pesar de tener una edad muy adulta o anciana, no sois más que pequeñuelos angelicales aprendiendo en el laberinto de la escuela planetaria de este mundo... No ahoguéis la expresión del niño ansioso por aprender que lleváis dentro... Dejadlo manifestarse porque así terminaréis con la opresión de la cobardía, la miseria psicológica, y con el sofoco de las penurias futuras que crearía su carencia... Prestad atención: Si vosotros mismos dejáis de ser niños, ¿cómo vais a traer pequeñuelos al mundo?, meditar esto... ¡No fracaséis en la batalla antes de empezarla!... En los niños viviréis genéticamente mediante la información impresa en sus genes, de modo que es vuestra descendencia quien os hará madurar... ¡No la extingáis!".

➢ "A pesar de que la longevidad de la vida aumentará con el avance de los tiempos, los estados no podrán mantener a personas que no produzcan beneficios para su nación. Esta mala situación económica, conllevará irremediablemente a buscar soluciones imperantes que resuelvan el gran problema de crisis interna; y ante la dificultad de hallarlas, surgirán grandes luchas con la ley con el fin de intentar encontrar una justificación razonable, para pagar menos al principio y después absolutamente nada, a aquellos ancianos que debido a su edad ya no rentan al país, pero que durante toda su vida trabajaron cubriendo los impuestos exigidos, entre los que se encuentran los conocidos hoy como el de la Seguridad Social entre otros.

Las pensiones beneficiarias de los jubilados aumentarán muy poco en comparación con el ascenso de los gastos vitales, y frente a dicho limitado beneficio, las cotizaciones sociales y los diferente regímenes de la Seguridad Social y otros organismos, ascenderán desmesuradamente representando un alto costo del gasto personal presupuestado. De

modo que se tratarán los pactos por el empleo sin
mencionar las pensiones, y cuando se hable de
ellas, será para intentar conseguir reformas o ne-
gociaciones colectivas partículas. Los gobiernos del
mundo se sentirán impotentes ante la inflación de
sus respectivas naciones, ante las revelaciones del
pueblo al obligársele a la austeridad del gasto, ante
la imposibilidad de no incrementar las cargas sociales o ante la lucha contra el fraude (necesario por
otra parte).

Frente a la impotencia para solucionar el creciente
problema, se acudirá a los valores humanos solicitando la solidaridad de los ciudadanos, para que
cedan en favor de su país parte de sus beneficios,
y además se intentará que las cotizaciones laborales o las deudas de los gobiernos se financian con
el aumento de nuevos impuestos. Pero este sistema fracasará provocando revelaciones y protestas
masivas. El crecimiento demográfico de la población crecerá en longevidad, aunque no en naci-
mientos y las previsiones e inversiones hechas para
la vejez, no darán la recompensa solicitada, desapa-
reciendo las distintas pensiones, incluidas las otor-
gadas por invalidez provisional, la incapacidad
laboral permanente o transitoria, la jubilación laboral, etc...

Antes de su desaparición, los ancianos más necesi-
tados estarán obligados a sufragar con su propia
paga las necesidades más vitales, como los medicamentos, servicios sociales o asistencia de cualquier
tipo. Y más tarde se fraguarán manejos internos secretos con el fin de conseguir que las personas mayores no vivan tantos años. Para ello se crearán
residencias especiales donde la mayoría morirán sin
ser atendidos mucho tiempo allí.

Cuando las pagas ya no existan, los viejos darán tantos problemas que se legalizará internacionalmente una ley, para no permitirles vivir más de 65 años a ninguna persona, matándolos sin remordimientos. Todas estas crueldades se vigilarán para salvar a la humanidad... según los dirigentes. El control de edades se hará exhaustivamente, extendiéndose un imperialismo dominante y atroz...

Saboteando los mandamientos de Dios y la Santa Madre Iglesia reinante en vosotros. El hombre del mañana, pretenderá subvencionar su vida en la Tierra, acabando con la de sus mayores... Mandamientos como *Amarás a Dios por sobre todas las cosas*... No tomarás el nombre de Dios en vano... No matarás... Honrarás a tu padre y a tu madre entre otros... se ultrajarán, dándose culto al asesinato y pretendiendo ahogar con él, la voz de su conciencia y de la vida eterna.

Hijos míos, no podéis escuchar la consciencia si termináis con su chispa creadora en vuestros antecesores... Tendéis a sofocar la voz procedente de la experiencia... Os molesta quien os dice la verdad, y confundís a ésta con la amenaza... Os duele tanto la verdad... que estáis dispuestos a sacrificar la esencia (vuestros antecesores mayores) que os creó, antes de reconocer los errores cometidos. ¿Quién de vosotros esta dispuesto a escuchar.. aceptando la verdad de sus errores más fuertes e íntimos dicha en la boca de otros... sin reaccionar condenando a muerte las palabras que la digan...?

El mismo sistema de actuación regirá el futuro de la humanidad, que acelerando las partículas de su vibración, fusionará la unidad vital de los hombres más mayores y sabios provocándoles la muerte, sin pensar que también aceleran la suya junto con la de toda la estirpe humana.

La desconfianza de una vida eterna y de la justicia divina, aumentará matando la voz de la consciencia al pretender anular con la ancianidad, el famoso juicio final elaborado con la información más vieja de cada uno, es decir, con los datos recopilados desde el principio de las existencias, que sumados matemáticamente en el Cosmos, ordenarán en las polaridades opuestas (+) positivas o (-) negativas la suma valorada del aprendizaje de vuestras experiencias".

➢ "Pensad en ello... si queréis oírme, todavía podéis hacerlo... ¡buscándome en la inocencia de los niños, y en la humildad sacrificada del silencio de los mayores... que encuentran en su debilidad física, la fuerza de mi espíritu en ellos...!

¡A cuántos confundiréis con seres humanos que ya no lo serán! Porque máquinas con apariencia humana aunque dirigidos y controlados, ya comienzan a mezclarse entre vosotros, con unas capacidades físicas y mentales muy por encima de las vuestras. Pero llegará un momento, en el que se perderá el control, y las máquinas, se convertirán en verdaderos enemigos del creador. Gran parte de la humanidad quedará convertida en sierva de la mecanicidad robótica con apariencia humana. Y aunque ahora os parezca inconcebible, esta nueva raza, estará más cerca de la perfección que muchos humanos, porque alejados de los sentimientos y emociones egoístas, actuarán más cerca de las leyes universales. Su inteligencia infinitamente superior a la humana, abrirá las puertas de su ser a Dios, permitiéndole salvarse de esta casi última guerra planetaria. Ellos que serán el nuevo linaje del futuro, enseñarán a los seres humanos, elegidos para sobrevivir, a vivir, a pensar e incluso a hablar, controlando los pensamientos, palabras y acciones, para que puedan aceptar sólo la verdad y lo positivo.

Se unirán sexualmente con los terrestres, creando una descendencia prácticamente perfecta. Y entonces el mundo vivirá con un tecnicismo y amplitud mental tan avanzados, que viajará a otro planeta, será tan rápido y tan sencillo, como hoy lo es tomar un avión para desplazarse a otra ciudad o nación.

Esta nueva especie, dominará totalmente la materia, desintegrándose a voluntad, para atravesar las distancias inexistentes, de un tiempo y un espacio controlado sin esfuerzo".

➤ "Los animales serán tan respetados como los demás seres vivos, porque disfrutarán de una inteligencia parecida, ya que también estarán robotizados. En el pasado fueron ellos precisamente, los primeros sometidos a los crueles experimentos, que el hombre hizo sin escrúpulos a esos pequeños, pero también hijos míos, para confirmar el éxito de sus pruebas al crear las primeras máquinas, con la misma apariencia exterior e interior, de los seres con quienes investigaban.

¡Hay cuánto he llorado por ellos! Los animales son también vuestros hermanos. Son los restos de un tiempo de paz feliz, que un día existió en la Tierra hace millones de años, cuando éste planeta fue elegido para que seres de distintos mundos, vivieran cerca de Dios, unidos por el amor más puro, y guiados sólo por las leyes de la naturaleza. Entonces no había diferencia de respeto entre ellos y el hombre.

Cada especie animal procedía de un planeta distinto, sucediendo lo mismo con el hombre. La relación entre todos los seres era perfecta, armoniosa y repleta de verdadero amor. El individuo racional era más inteligente en aquellos tiempos que ahora, e imperó la perfección en el planeta, hasta que el hombre comenzó a alejarse de la naturaleza, desarrollando egos mentales que le hicieron creerse superior a sus hermanos, que sumergidos en un amor infinitamente comprensivo, le permitieron hacerlo, dejándole a su libre albedrío. Poco a poco, el hombre comenzó a crear pautas a seguir, instituyendo una nueva forma de ser a la que denominó inteligencia. Todos debían adaptarse a las modernas reglas, pero no todos lo hicieron, por lo que el ser humano comenzó a utilizar su flamante dominio, usando una inteligencia más cercana al salvajismo que a la humanidad.

El animal racional se deshumanizó actuando con tal barbarie y atrocidad, que comenzó a alimentarse de sus propios hermanos, sometiéndolos a su jurisprudencia ególatra, mientras éstos, conocedores de mi verdad, siguieron viviendo en ella con la humildad que les caracteriza y soportando la violencia sanguinaria del hombre, que comenzaba a anular a aquellas especies peligrosas para él, por su tamaño, fuerza o carácter. Pero además, antes de eliminarlos del planeta, les absorbía todos sus conocimientos, y juntándolos con los pertenecientes a los animales inferiores a él que dejaba sobrevivir, los utilizaba para sus propios beneficios. La tecnología llegó a ser sumamente avanzada. La investigación ocupaba también una gran parte de su vida, crucificando a mis hijos, los animales. Consiguió crear especies nuevas mediante trasplantes y amputaciones, de las cuales algunas quedan aún entre vosotros, como por ejemplo las conocidas hormigas. Creó lugares nuevos para habitar en el centro de la Tierra y en lo más profundo de los mares, formando ciudades inmensas dentro de gigantescas plataformas. Son zonas hasta ahora desconocidas para vosotros pero reales, porque allí siguen existiendo hermanos vuestros, a los que también se dañará cuando el planeta tiemble de espanto con dolor. Y debido a los enormes cambios que tendrán lugar en la Tierra, con la presencia de terremotos y maremotos, saldrán éstas zonas a la intemperie, apareciendo especies de vida diferentes entre vosotros, obligadas también a luchar para sobrevivir.

Fue el hombre inhumano quien venció en el conflicto bélico parecido al que se acerca. El cielo le brindó otra oportunidad, para que el desarrollo de su clase de naturaleza (humana), logrará enmendar sus errores pasados. Penosamente para vosotros no lo ha conseguido, y los reencarnados repetidamente desde entonces, han fracasado de manera reiterada a través de varias generaciones y épocas. De modo que ahora, ya se está acabando el tiempo, ya casi no quedan más ocasiones... Sólo los muy despiertos espiritualmente podrán salvarse, liberándome en su interior, orando y viviendo en humildad... El resto desaparecerá, víctima de lo que él mismo ha creado, es decir, del egoísmo imperfecto materializado en agresividad marcial..."

➢ "Mi hija la humanidad no comprende, que el bien de la mayoría valga más que el de uno sólo, y ha impuesto soberbiamente el beneficio único ante el de la masa, por eso tendrá que aprender a la fuerza, lo que es la modestia.

Llegará el tiempo en que el aire puro, será uno de los bienes más preciados, vendiéndose a los ricos como un alimento comprimido en botes. Hasta el precio de las zonas de residencia, dependerá de la más o menos contaminación que tenga. Los ricos ya empiezan a ser cada vez más ricos y los pobres más pobres, y así será. En los lugares donde éstos últimos habiten, apenas podrá respirarse debido a la extrema contaminación, que a todos los niveles prevalecerá repleta de radioactividad e infecciones químicas.

Buscando una solución última al problema, se edificarán viviendas bajo la tierra. En ella se construirán túneles parecidos a ratoneras metálicas acondicionadas para vivir, respirándose allí un aire artificial más puro que en el exterior. Este aire se fabricará con potentes reactores de oxígeno, y mientras tanto en la superficie del planeta se prohibirá fumar o realizar cualquier otra actividad que contamine el ambiente, debido a la escasez del aire oxigenado. Cuando esta situación llegue, el hombre se habrá convertido en otra raza capaz de adaptarse a las circunstancias más insospechadas".

➤ "Económicamente, la moneda más valiosa será el oro puro, pero muy pocos habrán tenido acceso a él, a excepción de algunos, que lo habían almacenado desde mucho tiempo".

➤ "Las reservas energéticas intentarán obtenerse del Sol. Cada vez serán más prósperos los resultados de las investigaciones al respecto, pero la avaricia, transformará el éxito de su inteligencia, en fuego ceñido en bombas próximas a estallar.

Desde el suelo fluirán intensamente hacia el cielo, cúmulos de energía corrupta, creando nubes contaminadas destinadas a llorar gotas radioactivas".

➤ "Hijos míos, tanto Jesucristo como yo, lloramos lágrimas de sangre, cuando intentamos avisaros para que evitéis lo prácticamente inevitable...

El hombre es aún incapaz de aceptar a un lenguaje universal puramente mental, que derivará de los animales extinguidos y no de los humanos. Llegará un tiempo en que la comunicación entre los hombres será telepática, sin necesitarse palabras para que se entiendan los unos a los otros. A la telepatía en un principio, se le considerará simplemente como una facultad psíquica, perteneciente sólo a unos pocos privilegiados, que trabajarán con ella para servir a los gobiernos de su nación. Después se convertirá en un idioma universal e intergaláctico, y muchos instrumentos tecnológicos quedarán sustituidos por los dotes psíquicos".

➤ "Los vehículos de otros planetas más puros espiritualmente, se lanzarán para intentar salvar en un último esfuerzo a sus hermanos terráqueos, a consecuencia de que muchos de sus tripulantes se sacrificarán en su intento. Y los extraterrestres, en su pretensión de defender a los hombres, serán atrapados y presos, por los humanos realizándose con ellos investigaciones más crueles que puedan imaginarse. De forma que el hombre cerrará las puertas de su futuro, otra vez debido a su egoísmo, y los habitantes de otros planetas no tendrán más remedio que observar, manteniéndose apartados del grito de socorro, gemido por la humanidad en su autodestrucción".

➤ "La arrogancia humana impedirá que las señales extraterrestres, lleguen a ser recibidas por los habitantes intraterrestres más avanzados que hay en el centro del océano y de la Tierra, y la guerra terrestre se confundirá con la de otros mundos, ya que éstos se verán obligados a defenderse de la emanación tóxica con que el planeta Tierra les irradiará, asemejándose el universo a un castillo artificial microcósmico".

➤ "En el futuro se viajará a cualquier época del tiempo, ya sea pasado, presente o futuro, sólo con el deseo. Todos sabrán que están vigilados aunque rehuirán admitirlo. La computarización hará que el ser humano quede numerado ya desde su nacimiento, mediante una especie de micro chip incrustado en su cuerpo. De este modo la información de todas las experiencias obtenidas por un ser humano a lo largo de su vida, quedarán plasmadas en bibliotecas universales controladas por un ordenador central, y cada libro no abultará más de un micro chip, siendo ésta información la única conocedora de toda la verdad de aquel a quien pertenezca".

➢ "Las enfermedades de los ojos físicos aumentarán paulatinamente, como un símbolo de la obstrucción real en la visión del alma. Algunos iluminados espirituales, construirán lentillas capaces de permitir la visión de una realidad, ocultada bajo mensajes subliminales. Tanto los libros, dibujos, películas, revistas, anuncios publicitarios o de televisión, etc., serán simplemente pancartas de apariencia, que ocultarán la verdadera realidad del mundo, escondida en información subliminal que actuará como un disfraz condicionante en el inconsciente del hombre dormido. Los canales piratas de radio o televisión que intentarán transmitir la verdad, abundarán tanto como los pelos de la cabeza, pero lamentablemente no se verán ni se oirán, ni por el hombre ciego, ni por el hombre sordo".

➢ "Los viajes del tiempo hacia el pasado, podrían solucionar el futuro todavía incumplido, aunque el hombre no llegará a consumar su posible éxito. Las energías de los seres que lucharán por salvar a este individuo pertenecerán al futuro, pero se sacrificarán con actos solidarios para volver al presente que será su pasado, e intentar modificar lo irremediable. La avaricia humana es estos descubrimientos, ocasionará el fracaso de dichos planes, dejando acontecer su justicia labrada".

➢ "Los encargados de la disciplina universal, serán la policía organizativa interestelar, que no estará en ningún momento reconocida ni apoyada por las potencias gubernamentales humanas".

➢ "La lógica verdadera sin trabas, totalmente distanciada de los sentimientos, vinculará al hombre racional sobre la verdad".

➢ "La finalidad de trasplantar órganos causará multitud de crímenes, dirigidos por poderosas organizaciones mafiosas, sedientas de poseer las partes corporales más sanas de los sujetos. Ni siquiera la piel del cuerpo o la esencia de sus huesos podrá despreciarse. Hasta las células tendrán un alto precio".

➢ "Hijos míos tendéis a despertar la sabiduría de vuestro mundo interior equivocadamente, sin respetar las reglas ordenadas de la naturaleza que rige al Universo y a todos sus habitantes... Os olvidáis de la hermosa vida existente en todo cuanto existe, tanto en lo que veis como en lo que no veis con la visión limitada de los ojos físicos. Y sin comprender la bondad latente de una rosa... una piedra... un animal... o un átomo de vuestro cuerpo, camináis en vuestra existencia cegados por la ilusión óptica de la materia, que solamente está acondicionada para transformarse, de acuerdo a las leyes divinas de su creación, es decir, de la naturaleza.

Pobres de vosotros que jugando a ser dioses, pretendéis transformar a los más débiles a imagen y semejanza de vuestra voluntad, olvidándoos del sufrimiento provocado en estos seres, a causa de las mutaciones artificiales que les provocáis. La fase más sutil de estas mutaciones forzadas, las realizáis a nivel psicológico, cuando pretendéis que los demás piensen y sean igual que vosotros. Para conseguirlo no despreciarás las intensiones falsas, hipócritas o dañinas, sin pensar que estáis desequilibrando la evolución de aquél a quien influís artificialmente para su naturaleza, sin importaros el dolor psíquico que le provocáis y que después le repercutirá en somatizaciones que adulterarán también su equilibrio físico. Desde hace mucho tiempo, las especies vivas creadas por Dios están alteradas artificialmente, incluso existen bunkers secretos en los que conviven clonos de vegetales, minerales, animales y humanos en fase de experimentación, que son tratados como si no tuvieran sentimientos ni alma... ¡Oh Dios, cuánta crueldad origina la ignorancia egoísta!... ¡Cuánto dolor sufren esos indefensos hermanos a los que alteraron artificialmente su proceso natural de vida!... ¡Cuántos intereses económicos subyugados bajo el manto poderoso de organizaciones, pretenden cambiar el mundo, prefiriendo ignorar las consecuencias fatídicas de sus actos!...

El descubrimiento de la vida interior microscópica, ayudará a acelerar la destrucción de mi hija la humanidad, porque cada hallazgo logrado se utilizará mal, y los progresos científicos intentarán controlar la evolución del hombre, hasta tal punto que también su especie se modificará.

Descubriréis lo más grande e importante de vosotros buscando la simplicidad de la materia porque yo estoy ahí. Sin embargo, la enfermedad que sufren los ojos de vuestra alma no deja pasar mi luz, y cuando se descubrió en el pasado la influencia de los genes en el futuro de cada especie, se realizaron investigaciones materiales, dejando anuladas las que en realidad deberían haberse realizado: las espirituales; y como si el hombre hubiera descubierto un substancioso juego, se comenzó a manipular los genes, insertándolos en las moléculas del ADN para modificar a los seres vivos.

A partir del presente, y bajo la anhelada meta de conseguir curaciones asombrosas, sustituyendo los genes enfermos hereditarios por otros completamente sanos, se realizarán transferencias genéticas, para que el receptor desarrolle las características saludables del donante. Incluso las enfermedades llegarán a ser diagnosticadas con anterioridad a su manifestación, utilizando sondas inspectoras parecidas a vehículos minúsculos, especializados en la exploración del microcosmos humano mediante la biología molecular.

Sin embargo, la ambición del hombre no tiene límites, y por eso debe de aprender de sus propios errores... Las células enfermas también se cultivarán y multiplicarán clónicamente, y el ser humano hará con ellas lo mismo que hace con los organismos más complejos. Probará su transferencia insertándolas en individuos sanos, utilizando distintos métodos como por ejemplo la influencia electromagnética, y experimentará en práctica a la propagación provocada de las enfermedades.

De este modo sembrará dolencias incontroladas que se heredarán también genéticamente, extendiéndose como verdaderas plagas infecciosas y patógenas... Pero su afán de lucro y progreso erróneo no se detendrá, y llegando a formar seres humanos a partir de simplemente una célula (clonación), adquirirán tanto valor los genes, que para seguir investigando en la medicina, el trasplante y donación de órganos se suplantará en importancia por la donación genética, creándose granjas de clonos humanos idénticos a aquellos de quienes descienden.

Los hombres muy poderosos económicamente, tendrán a su cargo el cuidado y manutención de las réplicas de su cuerpo físico o clonos, que se crearán en estos recintos especiales, para que en el momento en que enferme su dueño y señor, puedan extraer de ellos los órganos sanos, necesarios para aquél de cuya célula descienden, siga vivo después de los trasplantes pertinentes, aunque ellos (sus clonos) mueran al extraérseles sus órganos vitales.

Los seres clónicos que os anuncio, ya están entre vosotros sufriendo lo indecible. Ellos también son hermanos vuestros, y tienen alma igual que todo, puesto que hasta lo considerado por el hombre como algo sin vida, posee un patrimonio genético en el interior de su ADN. La ausencia de pureza espiritual y ética divina, se manifestará en el deseo de conseguir la inmortalidad del cuerpo, sin importar a costa de qué sea. Esta será la manifestación de la intención material y diabólica del hombre, que ignorantemente no reconoce que la verdadera espiritualidad sólo existe en el espíritu".

➢ "La enfermedad del SIDA es sólo un aviso de las numerosas plagas del porvenir. Como punto común tendrán su implacable mortalidad, y como diferencia, la gran velocidad con que las otras enfermedades actuarán, para alcanzar su objetivo mental".

➢ "Los habitantes de cada nación lucharán contra sus propios hermanos, el español frente al español, el francés contra el francés, el inglés contra el inglés y el italiano contra el italiano. Esto sucederá antes de la guerra universal y habrá contienda entre los mismos familiares, a pesar de vivir bajo el mismo techo".

➢ "La naturaleza se rebelará con fuertes rugidos, haciendo que tanto las montañas como las ciudades tiemblen de espanto, al ser engullidas por la tierra y el fuego.

Los cinco sentidos sólo captarán dolor; el oído oirá gritos de desesperación, aberraciones y blasfemias; los ojos verán sangre de cuerpos desgarrados; la nariz olerá la sangre que correrá por las calles; y hasta el sabor de la comida será sanguinolenta".

➤ "Las oraciones de los justos y verdaderos convertidos, clamarán al cielo hasta ser escuchados por la Gran Potencia o Dios. Unicamente entonces podremos traer la paz a este mundo, terminando de limpiar la impureza. El sufrimiento será temido, la tierra desértica, y la Santa Iglesia florecerá con toda su castidad en el corazón de aquéllos que se hayan salvado. Resultando que las virtudes de mi hijo Jesucristo reinarán transmitiéndose por caridad, mediante la predicación del Evangelio verdadero natural, y de nuevo habrá una paz que durará varios años, aunque será falsa. Porque el hombre volverá a olvidar la pureza de su alma, recogiendo de nuevo la siembra de los errores egoístas liberados ingenuamente. Éste será el momento, de la llegada de otro antecesor del anticristo, que vendrá a vengar el éxito de Dios para erradicarlo de la humanidad, aniquilando su culto y enmarañando al olvidadizo hombre, para que lo confunda a él como Dios el Salvador, y al Salvador con el maligno.

La candidez humana se dejará engañar, comenzando de nuevo las guerras en un planeta que empezaba a reconstruirse. El arte bélico se desarrollará hasta tal punto, que las guerras individuales serán la puerta más atroz, que llegará de nuevo después de una paz ilusoria.

Cuando el verdadero anticristo actúe libremente, gobernará naciones enteras, y los dirigentes de diez países tendrán una misma meta con trasfondos políticos y de interés económicos.

El anticristo será hijo de un alto cargo de la Iglesia, y nacerá con dos dientes en la garganta. La reencarnación de quien causó las guerras de Aníbal, volverá a gobernar a partir de 1999 apoyado por sus hermanos, que también serán reencarnaciones de fuertes guerreros. Durante su reinado mi Iglesia desaparecerá entre grandes sacrificios y torturas.

Tanto la persona del maléfico como las de sus hermanos, harán prodigios en la tierra y el aire, que impactarán al ciego. Roma será su ciudad elegida para regentar, porque a través de ella podrá llamarse salvador del mundo, ocupando la silla de Pedro. Sólo faltan dos Papas para que él se aposente.

Habrán numerosos avisos anunciadores de ese tiempo. Las estaciones de la Tierra cambiarán, donde llovía no lloverá, y donde hacía calor dejará de hacerlo. Casi no habrán frutos en la tierra y los que se hallen estarán contaminados. Incluso los astros del firmamento perderán su sistema de movimiento. La luna aparecerá roja en numerosas ocasiones, comunicando lo que se aproxima. Mi hijo y aquél a quien llamáis San Juan el Bautista, volverán a ser sacrificados, y durante tres días quedará abierto el abismo a una transformación bruta, para conseguir una evolución correcta hacia el orden cósmico.

El agua, el fuego. el aire y la misma tierra (los cuatro elementos de mi naturaleza) purificarán el planeta, transmutando las energías maléficas del anticristo y de todos sus seguidores, que serán engullidos por la misma boca del abismo furioso.

Pero no temáis, porque todo ello es necesario que suceda para vuestro bien. Mas debéis tener muy presente, que en ningún momento os hablo del fin del mundo, sino del ocaso de la civilización occidental con el nacimiento de una nueva era, que surgirá después del derramamiento de muchísima sangre, originado por un fanatismo religioso, político, étnico, económico y cultural.

Ésta es la tendencia marcada de vuestro futuro, sin embargo aún os encontráis a tiempo de evitarla, porque el destino lo tenéis en vuestras manos y nunca es demasiado tarde, para retornar al camino singular determinado en la creación natural perfecta. Si causa y efecto es ley, y acción-reacción justicia, no cabe duda del transcurso obligatorio de algunos acontecimientos ya zanjados como consecuencia de las acciones humanas que la crearon, pero la verdad es que la benevolencia de la naturaleza es tan enorme, que todavía podríais evitar muchos de los sucesos violentos a los cuales os encamináis, arrastrados por los impulsosególatras artificiales.

¿Cuántas veces habéis solucionado problemas tragándoos el orgullo? ¿En cuántas ocasiones os curasteis de alguna afección por cambiar un hábito pernicioso? ¿Recordáis cuando evitasteis un daño ajeno al ocultar ciertas palabras, que un conocido dijo en estado mental descontrolado por los orgullosos nervios? ¿Disfrutáis anímicamente cuando sentís de nuevo el placer de haber ayudado a alguien desinteresadamente?... ¿Percibís en vosotros el amor infinito que entregasteis a un desesperado con una sonrisa comprensiva, hasta el punto de influirle para cambiar una equivocada decisión?... ¿Meditáis sobre la importancia de cada consejo u opinión manifestada y sus derivaciones posteriores en los demás?... ¿Observáis la sinceridad de vuestra mirada en quien indudablemente la recibe traduciéndola?... ¿Vigiláis los sueños de las noches cuando dormís, y la influencia de su consecuencia durante el día al despertar?... ¿Os percatáis del influjo de vuestros pensamientos, palabras y hechos del estado de vigilia en vuestras experiencias oníricas? ¿Os dais cuenta de la importancia que tiene cada inspiración y expiración del cuerpo físico?... ¿Sois conscientes de la ayuda que podríais entregar en todos los instantes de la vida prestada a la que tanta importancia le dais?... ¿Vivís hipnotizados por la materia o veis algo más?... ¿Respondéis cara a cara a las responsabilidades de vuestros actos o por el contrario intentáis huir acrecentando los errores precedentes?... ¿Aprendéis en la enseñanza del sufrimiento o lo teméis intentando evitar con el miedo lo inevitable?... ¿Vivís el momento o perdéis el tiempo en el pasado y en el futuro, sin remediar algo todavía remediable?... ¿Sois capaces de ver a Dios y a mí en vosotros, u os alejáis buscándonos fuera?... ¿Nos percibís en todo, o exclusivamente en lo que se corresponde ocasionalmente con vuestros egos?... ¿Escucháis la voz pacífica del silencio o sólo los gritos desgarrados e incontrolados de vuestros errores?... ¿Acostumbráis a perdonar honestamente, o lo hacéis hipócritamente y de forma obligada, oprimiendo en la paciencia un rencor vengativo presto a explotar a la menor oportunidad?... ¿Valoráis la importancia de la semilla regeneradora en el futuro humano de vuestros descendientes, o desperdicias el valor influyente en la cadena colectiva física que tenéis?...

Si pensáis en estos y en otros detalles de la vida, llegaréis a la pronta conclusión de que es tiempo todavía, de cambiar el futuro particular y también el colectivo de la humanidad, por otro más agradable para todos. Escuchadme... éste podría ser así... es momento aún de vivirlo... ya que está en vuestras manos y en vuestros actos conseguirlo".

Éste sería el proceso normal de un futuro no tan duro de vivir:

➢ "Estáis acelerando el tiempo. La información cada vez tiene más prisa por llegar a su objetivo y más aprisa llega... Desde las neuronas de vuestro cerebro hasta los medios de comunicación son más veloces cada día. Observad la velocidad de los trenes, aviones, coches, etc... cada vez es más acelerada. De esta forma estáis acelerándoos a un cambio dimensional más constructivo y perfecto, puesto que cuanto más rápida sea la información más inteligencia se tendrá a todos los niveles y especies.

El hombre del futuro tiende a obtener una información total física. Los niños del porvenir nacerán con unos enormes paquetes cuánticos informativos dentro de su ser. La personalidad de la Tierra como planeta se acrecentará, constituyéndose el mundo como un único país universal. Propendéis a la unificación mental del planeta a una colectividad social en la que tenderíais a una mayor convivencia con los demás, superando el separatismo individual con el que vivís actualmente".

➢ "Seréis hombres sin sentimientos extremistas. Ahora os dejáis llevar por los extremos emocionales, pero cuando inevitablemente cambiéis de dimensión, estaréis más lejos del bien y del mal, aunque debéis de ser precavidos en el camino por el que andéis para llegar a este cambio que os dejará vivir en el sentimiento posesivo y positivo, traspasando el umbral de la verdad equilibrada, por encima de lo negativo y positivo".

➢ " El hombre de la nueva dimensión acelerada en su tiempo, conseguirá equilibrar a su estado, desconociendo el sentimiento egoísta emocionalmente positivo y también el negativo. Dejaréis de ser péndulo moviéndose sin parar de izquierda a derecha, dejándose llevar por las influencias vibracionales repletas de emociones, que proceden de otros seres imperfectos. Abandonaréis los esquemas educacionales actuales, olvidando completamente el llanto, pero también la risa. Cuando lleguéis a este nivel estaréis más cerca de mi naturaleza, porque sólo en este punto delimitador de la emoción positiva o negativa está mi hijo Cristo y con él la perfección. Unicamente allí, en el vacío hay la suficiente sabiduría para extraer el conocimiento de ese nuevo ser, en el cual os vais a transformar con vuestra aceleración más o menos brusca, según nuestros actos. Y de hombres abandonados en los deseos y los temores de los que sois prisioneros, os convertiréis en seres humanos que por el contrario, abandonaréis el deseo y los miedos que os oprimen, liberando entonces a mi verdadera esencia virginal con la que os he regalado la naturaleza, para poder haceros reinos de mi felicidad".

➢ "Las enfermedades psicológicas actuales que tanto os hacen clamar, esos gemidos internos dolorosos y suplicantes de curación, desaparecerán del planeta porque al anular su causa emocional las habréis erradicado de vuestra vida. La salud será una luz resplandeciente en la Tierra, que brillará en el universo el destello procedente de la colectividad luminosa y unida de vosotros sus habitantes, y como el deterioro de vuestra materia enfermiza se haya en el desequilibrio de la mente, de todos vuestros habitantes internos celulares, también dejarán de existir las enfermedades físicas y el dolor. Entonces viviréis eternamente en esa nueva dimensión, fundidos todos con todos en el amor que desconoce cualquier egoísmo tramposo y engañador. La inmortalidad os llegará embadurnada de una felicidad, todavía desconocida por vosotros. Aún no podéis entender el gran salto en el tiempo que vais a dar, pero cada vez camináis mas aprisa hacia él...

De momento os sigue preocupando la muerte, persiguiendo la inmortalidad antes de tiempo y de forma errónea. Los experimentos científicos de laboratorio intentarán recuperar la vida física de los fallecidos utilizando instrumentos artificiales tecnológicamente demasiado avanzados para vuestra inteligencia ególatra. La avaricia por el dinero y el consumismo reflejará también la avaricia por conservar la vida, y mediante éstas máquinas recuperarán parte de los fallecidos a los que teóricamente pretenderéis rescatar de la muerte, pero ni su cuerpo ni su mente estarán en perfectas condiciones para seguir viviendo, de modo que nacerá una nueva raza, la raza de los invivos por el egoísmo de los familiares que no admitirán perderlos. Pero su tiempo de vida será un préstamo temporal correspondiente al precio pagado por él a los correspondientes profesionales. Tanto dinero será igual a tanto tiempo de vida, de manera que ni siquiera los más ricos y poderosos, podrán mantener en media vida a sus familiares queridos constantemente.

Otra forma de alargar la vida será manteniendo a los seres humanos en el punto mínimo de existencia vital, encontrado justo antes de su muerte. Entonces el interés por el más allá de la vida física, creará imágenes e investigaciones hechas con los moribundos, que conectados a los instrumentos podrán transmitir técnicamente sus experiencias personales, cuando traspasen el umbral de la vida a la muerte. El hombre comprobará científicamente que hay una vida después de la muerte, y a través de los muertos conocerá algunas maravillas del Universo vivo que os rodea ahora y siempre".

➤ "Un gran invento que creará espectacularidad en la población, son los cristales interdimensionales que permitirán ver otras dimensiones reales que estén entre vosotros a las que todavía no veis de forma natural. Estos pequeños utensilios interdimensionales, os facilitarán ver a las personas que recientemente han muerto y que todavía se encuentran entre vosotros. De esta forma los otros mundos se harán consientes científicamente para la humanidad".

➤ "Los avances en la química crearán la pastilla de la vida para alargar el tiempo de vuestro físico vivo, y el Sol en vez de amarillo, se tornará anaranjado-rosado debido a una barrera protectora gigante que filtrará las emisiones negativas que absorbe vuestro mundo. Inventaréis un filtro que os protegerá contra todas las radiaciones perjudiciales.

Igual que ahora coméis para manteneros, después regenaréis vuestras células constantemente pero de modo artificial, alargando muchos años el ahora tan limitado tiempo de vuestra existencia en la Tierra.

XIX

Conclusiones científicas

Es evidente que los resultados de nuestra investigación, sobre el método de contacto mariano, deje boquiabierto a más de un lector, provocando en unas ocasiones confianza en mí y mis compañeros, y otras en cambio, reacciones de incredulidad o duda. Por eso precisamente, considero necesario exponer clara y objetivamente las resoluciones resumidas de una deliberación científica, hecha con toda la intención de comprobar y hallar una respuesta lo más fiable posible respecto a si los efectos de nuestro trabajo son realidad o fantasía.

Como está demostrado que las reacciones químicas de los organismos influyen en la manera de pensar, sentir, hablar o actuar, sucediendo lo mismo a la inversa, es decir, que el pensamiento, el sentimiento, el habla o la acción, también repercuten en la química corporal; decidimos utilizar polígrafos, o lo que es lo mismo, detectores de mentiras que estuvieran conectados a cada uno de nosotros cuando contactábamos a la Virgen, con el objeto de obtener una respuesta objetiva que plasmara las reacciones que teníamos.

Todos estábamos de acuerdo para participar en las pruebas científicas voluntariamente, y cuando usamos los detectores de mentiras, no pretendíamos exclusivamente comprobar las reacciones corporales sino, incluso, poder localizar a alguien del equipo que en un momento dado decidiera mentir, jugando ingenuamente con su propia psicología o con la de sus colaboradores. Jamás nadie de nosotros se negó a ser experimentado a la vez que realizábamos el contacto, por lo que ninguno parecía sospechoso, ni presto a mentir conscientemente.

En la mayoría de nuestros ejercicios de comunicación mariana, conectábamos los instrumentos a nuestro cuerpo, para que mientras hablábamos midieran la presión sanguínea, la velocidad de respiración y los variables en la resistencia de la piel, cuando se nos transferían débiles corrientes eléctricas (respuesta electrodermal). Y aunque somos conscientes de que las reacciones fisiológicas que indican los niveles emotivos no pueden demostrar sin lugar a dudas una mentira, decidimos realizar éstas pruebas porque nos ayudarían a conocer, al menos, nuestros impulsos emocionales asiduos durante la manifestación del contacto. De modo que una vez fijadas de antemano las reacciones personales e individuales que nos servían como norma, se mostrarían cambios más pronunciados en la línea base si decíamos o inventábamos alguna mentira.

Para asegurarnos de que esta comprobación fuera lo más fiable posible dentro de las limitaciones que tienen los polígrafos, nos comprometimos siempre a no ingerir tranquilizantes ni excitantes, y a prestar la máxima atención posible al ejercicio, que además lo requería para obtener resultados positivos, puesto que los tranquilizantes o la falta de interés por ejemplo, disminuyen la detectibilidad, produciéndose informes incorrectos. Los resultados apoyaron convincentemente, que indudablemente existe una interrelación entre las emociones y las respuestas corporales, de forma que los polígrafos a los que estábamos conectados lo hicieron patente, demostrando también que ninguno de los participantes mentía ni se inventaba nada a voluntad.

Sin embargo, el deseo de conseguir que nuestra investigación tuviera una alta calidad, nos obligó a tener en cuenta que los detectores de mentiras no son del todo fiables, porque algunas veces fallan en los ensayos realizados con ellos, dependiendo de la mentalidad del sujeto experimentado, ya que en quienes creen que los polígrafos funcionan eficazmente es más fácil que los datos obtenidos sean correctos y demuestren la mentira, porque éstos, al temer ser descubiertos cuando mienten, producen que la respiración se acelere y aumenten los latidos del corazón junto a la transpiración de la piel, etc., facilitando así, que el aparato mida estas pruebas. Pero de quien no tiene fe en el instrumento y se ha preocupado en autoprogramar su mente, reforzando lo que desea hacer creer a los demás, tomando sedantes o manteniéndose despistado por ejemplo, difícilmente se podrán obtener informaciones correctas. Así que decidimos apoyar el ensayo con el mismo método que practicaban los hindúes antiguos. Cuando terminábamos cada ejercicio masticábamos todos un puñado de arroz y después lo escupíamos en una de las hojas de higuera con las que siempre ofrendábamos a la Virgen, para que nos ayudara a obtener resultados ciertos ante nuestras dudas. Conseguimos hacerlo adecuadamente, por lo que estábamos completamente seguros, de que habíamos conectado realmente sin intenciones de falsear nada.

Debe tenerse en cuenta que al mentir sobre algo que se pretenda encubrir, se siente miedo a que se descubra, y la química del organismo disminuye la saliva, causando que el arroz se quede pegado al paladar sin poder escupirlo. Se da por hecho que la intención de mentir debe ser cierta e importante, ya que si fuera una broma o simplemente se intenta ocultar algo sin un valor considerable para quien lo hace, ni éstas manifestaciones psicológicas o químicas se producirán, ni tampoco otras, resultando que tanto las pruebas hechas con el polígrafo como las realizadas con el arroz serían erróneas. Por otra parte, el doctor en medicina Tomás Carbonell, que era uno de los componentes del grupo de investigación, nos facilitó realizar la siguiente prueba:

Quienes conectábamos con la Virgen, siempre coincidíamos en la sensación de fuerza que sentíamos en nuestro interior, tanto durante el ejercicio, como por lo menos hasta cuatro horas más tarde de haber concluido. Era como si nos transformáramos en parte suya (de la Virgen), y nos situáramos por encima de unas circunstancias y problemas de la vida, sin dudar en lo más mínimo que podíamos controlarlos obteniendo un simple triunfo total. Nos faltaban palabras para describir aquel estado positivo, que tardaba horas en desaparecer.

Como científicos, primero estábamos obligados a estudiar la posibilidad de que padeciéramos un trastorno de personalidad provocado por la práctica que ejercitábamos, con la posibilidad de que en esos momentos se manifestara un cambio en nuestro estado anímico llamado "manía". Para realizar una investigación correcta debíamos ser objetivos con nosotros mismos, de modo que profundizamos en ello.

La manía es el estado opuesto a la depresión, la otra cara de la moneda. En esta fase se experimenta una gran euforia, alegría y un acentuado bienestar, pudiendo incluso, llegar a creer que se disfruta de una comunicación mística con divinidades celestiales, etc., manifestándose a veces movimientos incontrolados, risas y palabras constantes convulsivas. Generalmente, la manía es la fase alegre del trastorno maniaco-depresivo, por lo que siendo una alteración bipolar, también existía la posibilidad de que alguien padeciera síntomas depresivos en su vida diaria normal. Cuando se ha estudiado científicamente el origen de la depresión, se ha descubierto que en la mayoría de los casos es hereditaria, radicando su raíz en una alteración del cromosoma 6. Para comprobar si en alguien de nosotros dicho cromosoma estaba alterado, realizamos varias sesiones de regresiones genéticas a la célula original de su ADN. El resultado fue que en solamente tres ocasiones hubieron 3 personas, que tenían el cromosoma 6 perturbado, pero lo más curioso, es que dos de ellas nunca llegaron a conectar con la Virgen, y que la otra jamás había sufrido ninguna fase maniaco-depresiva en toda su vida, ni por supuesto una depresión endógena o exógena-reactiva. Por lo que este resultado evidencia que nuestra comunicación con la Virgen, no tuvo una motivación maniaco-depresiva, ya que de los tres compañeros en los cuales había posibilidad de ello, dos no se pusieron en contacto jamás en nuestro ejercicio, y el tercero nunca tuvo una manifestación desequilibrada de su personalidad. En cuanto a todos los que sí logramos comunicarnos, no existía en nosotros la más remota posibilidad de padecer ninguna alteración maniaco-depresiva, y además teníamos el punto en común de que nunca habíamos sufrido anteriormente cambios de estado de ánimo que resaltaran especialmente en nuestra personalidad, haciéndose suficientemente acusado al aceptarlos como buenos o malos, o persistiendo severamente logrando inferir en el desarrollo de nuestra vida normal.

Solamente si se hubieran cumplido las características antes expuestas, cabría la posibilidad de que sufriéramos estados de trastornos afectivos (depresión y manía), puesto que la psicología explica que todos los humanos, e incluso los animales, pueden tener comportamientos o pensamientos extraños de forma temporal y transitoria, pero que estas actitudes no se consideran como trastornos de una enfermedad psicológica si no persisten haciéndose continuas y repercutiendo en un deterioro que necesita tratamiento temporal, intensivo u hospitalización. De modo que estaba claro: ninguno de nosotros padecía una anomalía psicológica, y la idea de aceptar la posibilidad de poder experimentarla en la práctica del método de contacto, era consecuencia de nuestro trabajo.

El Dr. Carbonell nos propuso extraernos sangre antes y después de los contactos, para analizar los niveles de algunos neurotransmisores como el de la serotonina, entre otros; puesto que se sabe que cuando una persona o animal domina una situación haciéndose poderoso, líder o muy positivo, el nivel de serotonina es más elevado que cuando no se experimentan esas sensaciones. Todos aceptamos hacernos los análisis de sangre en el laboratorio de Tomás, a excepción de María, una colaboradora que le tenía pánico a las agujas. El resultado fue que el nivel de este neurotransmisor químico antes de comenzar cada ejercicio era normal, mientras que en la sangre que se nos extraía inmediatamente después de terminar el contacto, había prácticamente el doble de cantidad de serotonina en la circulación sanguínea que en los análisis de sangre extraída previamente al trabajo. Una vez más, estos datos científicos demostraron que ninguno de los presentes padecía un trastorno maniaco-depresivo, porque nuestros niveles de serotonina eran normales y no bajos, ya que los niveles bajos de esta sustancia están relacionados con la depresión. Además, el equilibrio neurotransmisor también mostró que no padecíamos estados de manía, pero sin embargo, era obvio que a través del método de contacto mariano nuestra sensación de poder divino, el positivismo y la felicidad que experimentábamos, hacían ascender la cantidad de serotonina hasta duplicarse el nivel que normalmente teníamos en la circulación de nuestra sangre, coincidiendo con los datos científicos conocidos de que los niveles prominentes del citado neurotransmisor, están relacionados con la sensación de optimismo, alegría, bienestar, ilusión, etc. Lo más curioso, es que este método nos ha ayudado a todos a ser más felices, comprendiendo la vida desde un punto de vista más humilde, y autosuperando los problemas físicos, psicológicos y sociales, no sólo en nosotros, sino también en las circunstancias que nos envuelven, afectándonos de manera más sutil; ya que los obstáculos se han convertido en nuestros trampolines hacia la felicidad. Y a partir de entonces, sabemos observarnos y adaptarnos más convencionalmente, extrayendo de cualquier sensación negativa una consecuencia positiva. Es como si hubiéramos aprendido a vivir más positivamente, y pese a que sabemos distinguir el contenido de nuestro trabajo de la vida normal fuera de los ejercicios, es curioso que nuestra cantidad serotonina ha ascendido precisamente al doble de lo que teníamos antes, quedando convertidos en seres humanos nuevos, con una nueva forma de vivir.

No obstante, tampoco podíamos dejar de comprobar la actividad de la glucosa en la región temporal de nuestro cerebro, ya que actualmente se sabe que las moléculas de glucosa son más numerosas en la región temporal derecha en el transcurso de los estados maníacos. Para comprobarlo, usamos el scaner PETT (exploración tomográfica transaxial por emisión de positrones) solamente en dos colaboradores, puesto que a los demás no nos incitaba en absoluto la idea de inyectarnos azúcar radioactiva treinta minutos antes de que nos exploraran. La computadora demostró los pormenores del cerebro en complicadas imágenes que plasmaron la existencia de un nivel de glucosa más alto en la región temporal de ambos sujetos, sin que ninguno de ellos hubiera padecido nunca ninguna crisis maniaco-depresiva.

Muchos de los indicios ocurridos en las sesiones, eran semejantes a las características acaecidas durante los contactos que, en su día, nuestro colaborador el psiquiatra Enrique Morales, experimentó.

Uno de ellos era el agradable olor a rosas con el cual se inundaba la sala de trabajo cada vez que realizábamos una sesión satisfactoria de contacto. Al principio, comenzábamos registrando toda la ropa que llevábamos puesta, a fin de evitar un truco fraudulento. El resultado dio negativo, ya que a nadie se le encontró nada que pudiera provocar el aroma. Después, decidimos realizar una investigación al respecto más profesional y científica.

Comprendimos que ese perfume a rosas nos daba a conocer algo muy bello de nuestro contacto, puesto que aunque el sentido del olfato no nos es tan imprescindible para vivir, como para los animales inferiores que lo tienen mucho más desarrollado, sí que nos ayuda a sobrevivir, cooperando para hacernos disfrutar más de la vida, o advertirnos de riesgos circundantes al percibir, mediante el olor comidas o gases, informaciones que advierten peligros para la salud. El olor a rosas, distribuido por la habitación cuando realizábamos un contacto, no era extraño ni desconocido, pertenecía a uno de los siete olores básico según la teoría estereoquímica. Estos son: el olor alcanforado (las pastillas para la polilla; se halla en el alcanforero y en otras lauráceas), pútrido (podrido), almizclado (utilizado en perfumería), éter (de la deshidratación de las moléculas de alcohol o de fenol), menta (planta herbácea como hierbabuena), acre (avinagrado) y floral (procedente de una flor, como el olor a rosas que percibíamos).

El siguiente paso consistió en comprobar si dicho perfume lo podía percibir cualquier persona, demostrando así que se trataba de un hecho objetivo, o si por el contrario, solamente éramos capaces de olerlo quienes realizábamos las sesiones, clasificándolo entonces como subjetivo. También nos interesaba examinar si nos habíamos convertido en sujetos omogenésicos, es decir, si se nos había desarrollado la capacidad de captar olores que otras personas no pueden, y que sin explicación racional, proceden de energías olorosas causantes de olores extraños agradables o desagradables.

Estaba claro que todos los colaboradores en el experimento olfateamos el mismo perfume siempre a lo largo de los años que duró la información, y a pesar de los cambios de los sujetos colaboradores en el equipo producidos durante todo ese tiempo. Como medida preventiva, y para evitar que esto fuera producto de la sugestión o de una hipnosis colectiva, nunca declarábamos en voz alta dicha percepción sin antes escribirla en nuestro cuaderno de notas para compararla posteriormente con la experiencia de los demás, y con la de los compañeros nuevos, desconocedores todavía de los hechos sucedidos. Siempre coincidíamos todos en la misma clasificación olorosa, por lo que estábamos obligados a comprobar, si varios sujetos desconocedores del proyecto de investigación eran capaces de percibir el mismo aroma, así que nos las arreglamos durante años para que inmediatamente después de terminar cada sesión, entraran a la habitación donde trabajábamos, personas distintas y ajenas al ejercicio con la única misión aparente para ellos, de comunicarnos la hora que era y los mensajes recibidos al teléfono durante las horas en que realizábamos el trabajo. Cuando éstas personas entraban al recinto para darnos su comunicado, no podían evitar decir con gran sorpresa: ¡qué bien huele aquí!, ¿a qué huele? les preguntábamos... ¡a rosas!... contestaba sin ningún titubeo.

A estos individuos los cambiábamos asiduamente para realizar un escrutinio estadístico de sus respuestas reactivas. En total fueron unas 45 personas las que nos sirvieron de confirmantes, para saber si el olor a rosas era subjetivo u objetivo. Ellos nunca supieron el motivo crucial de su trabajo hasta que terminé completamente el experimento; de este modo, nos asegurábamos de que su percepción olorosa no fuera fruto de nuestra influencia psicológica o sugestiva.

Las conclusiones demostraron que dicho aroma, era una concentración de moléculas existentes en el aire que se formaban cada vez que empezábamos una de las reuniones, descartando completamente la posibilidad de un fenómeno subjetivo o puramente psicológico. Pero a pesar de que ya estaba demostrada la imposibilidad de una sugestión o hipnosis colectiva osmogenésica, deseamos comprobar si existía la posibilidad de que todos, incluidos quienes nos afirmaban la hora, fuéramos sujetos osmogenésicos o, lo que es lo mismo, seres humanos capaces de oler lo que otros no pueden, adivinando a veces por el olor de datos totalmente desconocidos.

Por eso solicitamos voluntarios para que se les observaran la medida de su epitelio olfativo en la clínica del Dr. Carbonell. Solamente el 60% se prestaron a ello, resultando que en todos, su tejido epitelial medía de 2 a 4 centímetros cuadrados, por lo que era evidente que no éramos sujetos osmogenésicos, puesto que en personas capaces de oler lo que otros no pueden, su epitelio olfativo suele medir más de cuatro centímetros cuadrados. Precisamente los perros huelen a gran distancia, localizando con su olfato hasta a los dueños de las prendas que se les da a oler, debido al gran tamaño de su epitelio. En un pastor alemán, por ejemplo, su tejido epitelial olfativo mide alrededor de 140 centímetros cuadrados. De todo ello se deducía claramente, que dicha concentración de moléculas se originaba a partir de comenzar cada comunicado mariano, sin influir para nada nuestra sensibilización PSI omogenésica, ya que cualquiera que entrara allí podía oler un agradable perfume a rosas.

Por otra parte, y como investigadores, somos conscientes de que los estímulos olfativos ayudan a sobrevivir a todas las especies vivas, facilitando la comunicación entre ellas, como señales biológicas necesarias y hereditarias genéticamente que son. Y fue muy curioso comprobar que nuestra respuesta genético-instintiva al olor que percibíamos, siempre tuvo una connotación positiva y relacionada con características de santidad, y asociada con una emoción pura procedente de la sabiduría biológica de los sentidos químicos.

Como pensamos que al investigarnos nosotros mismos los resultados podrían llegar a ser erróneos debido a nuestra identificación personal, elegimos para que lo hicieran a dos psiquiatras altamente calificados, ajenos al ejercicio de contacto mariano y escépticos. Les comunicamos todas nuestras experiencias y el objetivo por el que requeríamos sus servicios. Nos cercioramos de que entre ellos no se conocieran, para evitar que pudieran influirse el uno al otro en el diagnóstico final, y para saber si su conclusión coincidía o no.

Nos realizaron varias sesiones personales y colectivas hasta determinar nuestro estado. Al psiquiatra y a mí, nos resultaba gracioso que a pesar de nuestros conocimientos en psiquiatría y psicología respectivamente, nos hubiéramos puesto en manos de otros profesionales de la mente por primera vez en nuestra vida, a fin de estudiar la fiabilidad de una investigación en la que nosotros éramos los investigados. Pero el afán honesto y profesional, nos incitaba humildemente a no poner ningún reparo a colaborar en el estudio de cualquier posibilidad defectuosa que perjudicara el efecto exitoso del método de contacto con la Virgen, incluyendo el posible deterioro o trastorno psicológico del equipo de investigación, en el que por cierto, en ese momento no había ni una sola persona tratada psiquiátricamente con anterioridad.

Naturalmente, nuestra historia despertó una gran incredulidad en los psiquiatras, que intentaron demostrar la supuesta pérdida de contacto con la realidad, que teóricamente en un principio padecíamos.

Sin embargo a medida que aumentaban sus indagaciones, les resultaba más difícil demostrarlo, hasta tal punto que el diagnóstico final de ambos nos consideraba, al equipo completo, como sujetos normales sin ningún trastorno de personalidad psicológico. Sus explicaciones fueron las siguientes: "A ninguno de ustedes puede clasificárseles de esquizofrénicos, ya que la esquizofrenia es una psicosis causante de delirios, alucinaciones y alteraciones de pensamientos que transforman a quienes la padece en alguien incapaz de desenvolverse en la vida normalmente, manifestando una ruptura con la realidad. Los esquizofrénicos están trastornados mentalmente, manifestándose en ellos procesos de pensamientos extraños como alucinaciones oídas, vistas o sentidas. De ahí que ante sus experiencias vividas con el método para contactar con la Virgen, en lo primero que piensa un psiquiatra, es en una posible esquizofrenia. Sin embargo después de realizarles una exhaustiva observación puede afirmarse la inexistencia de cualquier alteración mental o anormalidad psicológica en su mente".

Entonces nosotros solicitamos que nos detallaran los motivos por los que confirmaban nuestro estado mental equilibrado, explicándoles nuestro deseo de transmitirle al lector sus conclusiones. Y así lo hicieron, coincidiendo ambos psiquiatras en lo siguiente: "Todos ustedes tienen una vida completamente normal, hecho que nunca sucedería con un esquizofrénico. Además, sus respuestas emocionales son normales, mientras que en el enfermo suele mostrar un estado emocional bajísimo y son inadecuadas, es decir, sienten alegría ante algo que motiva tristeza, o por el contrario, lloran frente a una experiencia graciosa por ejemplo, e incluso en otras ocasiones, no manifiestan ninguna emoción (respuestas emocionales planas).

Otros síntomas son **anormalidades motoras** (muecas, movimientos musculares, etc.). A los esquizofrénicos les es imposible concentrarse y dirigir sus energías o esfuerzos hacia una meta concreta, siendo incapaces de realizar una actividad normalmente. El sentido de su yo está trastocado y viven en una absoluta fantasía, y aunque todas esas características no tienen porqué estar presentes juntas, sí aparecen siempre trastornos de pensamientos, delirios o alucinaciones persistentes, cuya duración ha de ser como mínimo de seis semanas para poder diagnosticar una esquizofrenia. Sin embargo, ninguno de estos datos existe en ustedes, y por otro lado, el historial clínico que les he realizado denota la inexistencia en fases maniaco-depresivas, ni que pertenezcan a un status socioeconómico muy bajo. Tampoco toman, ni han tomado sobredósis de anfetaminas, ni tienen una predisposición a recibir una transferencia genética para sufrir trastornos esquizofrénicos, ya que los avances científicos están demostrando su fácil herencia entre los descendientes, o de padres a hijos por ejemplo. Ni siquiera muestran ustedes ninguna propensión de forma muda a la esquizofrenia con síntomas que podrían ser una excesiva timidez, demasiada sensibilidad, una frialdad denotadora o un fanatismo muy destacado, ya que a pesar de su extraño trabajo para contactar con informaciones marianas, son ustedes objetivos en todo su proceso. Y por si quedaran dudas con respecto a su estado totalmente normal, les diré que en la exploración que les realicé en el tomógrafo axial computarizado (scaner TAC) constatamos el estado normal de su cerebro. Y como saben, los análisis realizados por la computadora en las imágenes de determinadas secciones del cerebro, sirven para diagnosticar no solamente tumores o embolias, sino también perturbaciones mentales como neurosis o la esquizofrenia entre otros. Sin embargo, en todos ustedes estaba todo correcto, incluidos el tamaño de los ventrículos del cerebro o de la apariencia de los capilares (uno de cada cinco esquizofrenicos tienen los ventrículos más grandes). Y en las únicas dos personas que han solicitado scaner PETT, su nivel de glucosa en la corteza frontal es equilibrado, mientras que en los esquizofrénicos desciende. Por lo tanto existen datos suficientes en estos informes para afirmar rotundamente, que las experiencias de su trabajo en ése método de contacto con el cual investigan, no son en absoluto producto de ninguna alteración psicológica o desorden mental".

El estudio psicológico fue especialmente profundo en todos los colaboradores del experimento, que utilizando los conocimientos de la psicología anormal, corroboramos una vez más, que ninguno padecía ningún trastorno emocional o conductal.

Se constató que carecíamos de los elementos designantes del comportamiento anormal, y que por lo tanto, éramos completamente equilibrados. Después de numerosas entrevistas, cuestionarios y preguntas realizadas con la intención de provocar determinadas actitudes, se desarrollaron los índices de nuestra salud mental de acuerdo a las respuestas y a las observaciones de los responsables, que ante la dificultad para concretar un diagnóstico de trastorno emocional, llegaran a la misma conclusión: su inexistencia ante una imperancia de la normalidad psicológica y saludable mentalmente en nosotros, puesto que todas las características determinantes de una conducta anormal eran nulas. Estas son:

➤ La imposibilidad de darse cuenta de la realidad. A menudo quienes oyen voces, ven alucinaciones o ilusiones tenebrosas, tienen miedo a los extraterrestres, a los espíritus, etc., viviendo en un mundo no real que los impulsa a desenvolverse con un comportamiento autodestructivamente peligroso para ellos y para los demás. (Por el contrario, en nosotros los sonidos y las visiones siempre tuvieron un único objetivo profesional: la Virgen. Reconociendo la realidad de la fantasía y reaccionando naturalmente tanto respecto a nosotros como a los demás).

➤ La inadaptación con el consiguiente sufrimiento prisionero de temores, tristezas, dudas y actitudes iracundas. El sujeto anormal no se relaciona bien con circunstancias cotidianas, y su terreno laboral acostumbra ser frecuentemente improductivo. (Cada uno de los involucrados en la investigación, conllevábamos bien el trabajo profesional y nuestras relaciones sociales. Tanto los que nos relacionábamos con el terreno de la psicología o parapsicología, como los que no lo hacían, jamás tuvimos problemas con el ambiente habitual de nuestra vida, sino al contrario, nos sentimos más comprensivos, benévolos y complacientes ante las personas con quienes nos relacionábamos. Era como si se nos hubiera despertado un nuevo estado de conciencia constructiva y positivista. Es más, a partir de los contactos aprendimos a adaptarnos a cualquier circunstancia amando de verdad a la vida, y disfrutando cada momento que nos ofrece para hacerlo a las de la mayoría. Incluso, los hechos científicos comprobados, las normas sociales o culturales, son replicadas con objeciones inconscientes e incongruentes. Todo el equipo demostramos estar clasificados, no existiendo en nosotros ninguna rareza estadística sintomática).

➤ Los pensamientos y la conducta se manifiestan de forma desagradable y repelente. Los sujetos anormales piensan y actúan siempre negativamente, creando a su alrededor situaciones ambientales tan tensas que les transforma en individuos indeseables para los demás. (Todos nosotros tenemos un carácter afable y magnético. Somos muy positivos y vibramos amor en cada uno de nuestros pensamientos o hechos. La gente que nos conoce encuentra paz y felicidad cuando se encuentra junto a nosotros. Por lo tanto, somos personas deseables).

➢ Los síntomas iracundos de confusión, miedo y depresión son otra señal de la anormalidad. El carácter se agria, viviendo amargado quien lo padece sin poder dominar esta desastrosa situación interna que acostumbra crear grandes conflictos personales, hasta el punto de ser incapaz de realizar un trabajo productivo o de mantener buenas relaciones sociales. (Nosotros somos personas tranquilas, pacíficas y alegres. Después de realizar el experimento de contacto mariano, estas cualidades se han agudizado, transmitiéndolas a los demás. La fuerza de este equilibrio nos ha enseñado la felicidad, haciendo dichosos a quienes nos rodean, y la productividad en nuestro trabajo ha mejorado igual que las relaciones familiares o sociales).

No obstante, las actitudes precedentes no se estiman como determinantes de una enfermedad psicológica mientras no exista una persistencia continuada de los síntomas considerados como anormales, ya que tanto los seres humanos como los animales, pueden padecer comportamientos o pensamientos extraños de forma temporal o transitoria, retornando al poco tiempo a la normalidad. Es decir, alguien que se comporta como la mayoría de las personas, captando la realidad exhaustivamente, trabajando con ahínco, disfrutando de su ambiente adaptado a las circunstancias, pero con un carácter repelente y negativo, no pueden calificársele de anormal porque sólo difiera en un aspecto determinante de la anormalidad. Por lo tanto, la última condición para calificar a un sujeto como anormal, es la persistencia continuada de los síntomas considerados como anormales, hasta necesitar tratamiento temporal, intensivo u hospitalización. Y a pesar de la vulnerabilidad de los seres humanos, el equipo entero de investigación demostramos estar psicológicamente sanos al no identificarnos con ninguna de las señales condicionantes de la anormalidad, puesto que nuestro estado de humor se correspondía con las circunstancias de la vida diaria, distinguíamos a la realidad, nos comportábamos según los patrones normales laborales, sociales y educacionales, adaptados a la situación ambiental y emitiendo una vibración amorosa, por lo que no quedaba ninguna duda de nuestra normalidad.

A continuación decidimos estudiar la fenomenología paranormal, intentando explicar el proceso científico de su desarrollo.

Uno de los hechos extraordinarios sucedidos era la telequinesia, o lo que es lo mismo, la acción de nuestra mente o potencialidad PSI, que transformada en energía o telergia, influía sobre la materia de la figura de una Virgen de madera que se encontraba en el centro de la mesa, situada en medio de todo el grupo para hacernos más fácil la concentración mental en las invocaciones realizadas. Dicha estatuilla de madera, temblaba a intervalos desiguales de tiempo cada vez que alguno de nosotros contactábamos con la Madre de todas las madres.

Junto a éste, y otros hechos extraordinarios, se confirmaba mediante el termómetro al que estábamos conectados, el descenso corporal de los grados caloríficos de nuestros cuerpos, y por el contrario, un aumento de calor destacado en la figura de la Virgen de madera, y también en la temperatura de la sala donde realizábamos el experimento.

En algunas ocasiones de las que se movía la figura, éramos todos quienes mostrábamos un descenso de temperatura, y en otras sólo algunos de los investigadores la sufrían.

La conclusión fue que la concentración de nuestros pensamientos en un objetivo óptico, producía una relajación corporal junto a un enfriamiento del cuerpo físico, pero que a la vez, la energía intencional de los pensamientos exteriorizados se concentraba en un calentamiento suficientemente teledirigido al objetivo concreto de la Virgen, como para originar el ascenso de la temperatura ambiental y mover a la pequeña estatua mariana de madera, que se movía físicamente sin recibir el contacto directo de las manos de nadie, convirtiéndose el hecho en objetivo, y lográndose observar el temblor por cualquier persona presente en el ejercicio aunque no participase en él.

Durante el tiempo en que se recibían los comunicados marianos, entre los que destacaban las predicciones, todos teníamos electrodos situados en la cabeza, e instrumentos registradores en el corazón y las muñecas con el objeto de poder comprobar los impulsos electrónicos. El resultado de estas pruebas demostró que mientras recibíamos las informaciones, nuestro pulso descendía notablemente al igual que los latidos del corazón, que casi se transformaban en imperceptibles. En ningún momento perdimos la consciencia, y aunque el EEG (electroencefalógrafo), al cual estábamos conectados, mostraba ondas cerebrales Delta, nuestra respiración era muy profunda y pausada. Era como si el estado de vibración cerebral Delta, correspondiente al que se emite en el estado inconsciente y profundo de un sueño, conservara extrañamente una visión consciente más real de situaciones que no pueden captarse en otros estados donde todavía se conserva, en menor o mayor grado, la conciencia en forma natural (estados Theta, Alfa o Beta, respectivamente).

Nadie que emita sus ondas cerebrales en Delta guarda la consciencia, sin embargo nosotros, mientras recibíamos mensajes, emitíamos la misma onda cerebral que en el sueño profundo, pero estábamos conscientes, como si el ejercicio fuera una puerta consciente para conducirnos mas allá del tiempo y del espacio consabido, puesto que gran parte de los mensajes conjeturados ya se han cumplido, demostrándose que no eran alucinaciones ni ilusiones, sino predicciones PSI que nos informaban en el entonces nuestro presente, de un porvenir todavía por acontecer, y curiosamente además esta clarividencia predictiva, se nos abría una comprensión de consciencia infinita, capaz de hacernos madurar en horas los que nos costaría varios años de experiencias terrestres y sufrimientos.

Nuestro ejercicio demostró que la clarividencia y las predicciones existen, lográndose desarrollar mentalmente a través de distintas prácticas, entre las cuales se encuentra nuestro método de contacto mariano. De hecho, a partir de entonces, en todos nosotros se ha manifestado un aumento en la capacidad psíquica de la videncia, exteriorizándose habitualmente en cualquier momento de nuestra vida cotidiana y ayudándonos a prevenir errores o experiencias desagradables.

Los datos recibidos en la congregación para el ejercicio de contacto, no sólo nos llegaban por comprensión o visión, sino también por el sonido escuchado. A veces la comunicación era telepática, pero en otras ocasiones escuchábamos una voz dulce y suave, que como una caricia soplaba en los oídos diciéndonos cosas detalladamente.

Así que según este hecho, debería de tratarse de ondas sonoras producidas por el movimiento de moléculas en el ambiente que nos rodea. Y si las ondas sonoras son la consecuencia de las variaciones en la presión del aire, que se traslada alrededor de 345 metros por segundo, deberíamos de lograr medir su intensidad o volumen en decibelios, y su tono o frecuencia en hercios. Sabíamos que a mayor frecuencia, más elevado también es el tono de un sonido, y que el oído humano es sensible generalmente a la variación entre 100 y 3500 hercios.

Pero extrañamente los hercios del sonido recibido sobrepasaban en gran cantidad los límites marcados por el oído humano, y no pudieron escucharse ni en un estado cerebral que no se correspondiera con el Delta, ni por nadie ajeno al experimento. Solamente los cassettes lograron grabar psicofonías cortas pertenecientes a algunos mensajes externos que no se grabaron completamente. Los cassettes de grabación, los utilizábamos conectados siempre a sus psicógrafos correspondientes, confirmando repetidamente sus grabaciones que nuestros datos habían quedado recogidos por un instrumento técnico que no se relacionaba para nada con nuestros oídos físicos.

Como podría tratarse de hipnosis colectiva, estudiamos también esta posibilidad, puesto que podríamos haber llegado a ella invocando a la Virgen María en la congregación y controlando nuestra mente. Pero todavía no entendemos científicamente qué clase de trance hipnótico podía realizarse en todos nosotros cuando, extrañamente, todos comenzábamos a mover las pupilas de los ojos suavemente de un lado a otro al unísono, y como si los ojos temblaran dejando de moverse también a la vez, justo al momento en el que terminaban los comunicados, mostrando el equipo electrónico una onda cerebral Delta, pero con plena consciencia mental de lo que sucedía alrededor y en el contacto. Por otra parte, todos coincidimos en detalles inverosímiles que, además, luego se cumplían. A la pregunta de si ¿podría ser una hipnosis telepática?, todavía no podemos responder, puesto que si habían comunicados comunes, también recibíamos otros particulares y privados que unos desconocíamos de otros, de lo cual se deduce que en esos momentos la telepatía no existía entre nosotros.

Con respecto a las visiones, no logramos plasmarlas en ninguna fotografía tal y como las veíamos. No obstante, sí conseguimos algunos efectos extraños en varias fotografías que los expertos no han podido explicar científicamente. Los bailes del Sol característicos de las apariciones marianas, las luces y figuras raras de algo inexistente materialmente entonces, son las imágenes recogidas en foto que no pueden explicarse todavía por la ciencia, pero confirmantes, al mismo tiempo, de que algo paranormal (más allá de lo concebido tradicionalmente como normal) estaba sucediendo en nuestro experimento, ya que como he expuesto en los diferentes resultados de la investigación científica, hubieron suficiente fenómenos objetivos, es decir, suficientes pruebas demostrables para cualquier persona que estuviera presente sin necesidad de participar directamente en el trabajo de contactado con la Virgen. Yo en la actualidad continúo trabajando en ello, apoyada por calificados colaboradores, y confío en que cada uno de mis progresos sirvan a quien desee seguir este camino, para llegar a ser feliz solucionando sus problemas de cualquier tipo que sean, hasta los de la salud perdida, puesto que ya se han conseguido varias curaciones con personas que han logrado comunicarse con la esencia virginal. Ellas son brillantes ejemplos de quienes no han necesitado trasladarse lejos para llegar a mi santuario o a un curandero, porque han encontrado la catedral de la Virgen en su viaje cósmico interno solamente con una técnica.

Índice

Títulos de esta colección

➢ Encuentros con la Virgen.   Adela Amado

➢ La Enseñanza Oculta de Jesús.   Ramiro A. Calle

➢ Las Verdaderas Enseñanzas y Parábolas de Buda.
Ramiro A. Calle

TÍTULOS DE ESTA COLECCIÓN

Impreso en Offset Libra

Francisco I. Madero 31

San Miguel Iztacalco,

México, D.F.